I0796490

Ayer tuve un sueño

Ayer tuve un sueño

Manolo Díaz, sesenta años de música pop en español

BELÉN CARREÑO BRAVO

Papel certificado por el Forest Stewardship Council®

Primera edición: febrero de 2025

Printed in Spain – Impreso en España

ISBN: 978-84-10433-38-0
Depósito legal: B-21.195-2024

Compuesto en Promograff - Promo 2016 Distribucions

Impreso en Black Print CPI Ibérica
Sant Andreu de la Barca (Barcelona)

C433380

Al vacío de vuestra memoria, a vuestros ojos claros, a vuestra mirada perdida.
A vuestro olvido, quiero escribir estas líneas.
Dedicado, in memoriam, *a Cruz, Ángeles, Carmen,*
Lucila y Celia Martínez.

Yo nací en un rincón
de la casa sin jardín
bajo un cielo oscuro y gris.
Entre helechos y carbón,
en la selva del maíz
me mojé y después crecí.
El pico blanco no lo pude ver,
no lo pude ni ver.
Entre la niebla
se solía esconder.

«Sierras y valles»,
MANOLO DÍAZ (1969)

Índice

1

La juventud tiene razón

Hoy tengo que ir a otra ciudad,
lo he de conseguir, dejadme soñar, soñar…
Un rayo de luz ilumina el mundo,
es la juventud cantando al futuro.

MANOLO DÍAZ (1969)

Tiré de la manga de la americana de terciopelo negro para alisar una arruga. De reojo, me observé en el espejo del ascensor mientras mi acompañante, Monique Le Marcis, me tranquilizaba con lo bien que iría el encuentro que íbamos a mantener. El ascensor se paró en la última planta de un edificio regio del sexto distrito de París.

Los anfitriones nos recibieron en la puerta de la casa. Maritie y Gilbert Carpentier eran los productores de televisión musical con más poder a finales de década de 1970 en Francia. Aunque la pareja rozaba ya los sesenta años, su delgadez y su exquisita forma de vestir les hacían parecer mucho más jóvenes.

Entramos al salón y desde la terraza la vista de los Jardines de Luxemburgo quitaba la respiración. Yo estaba muy concentrado en parecer cualquier cosa menos un español paleto, impresionado por el lugar y sus propietarios. Alabé con intensidad las vistas, pero conteniendo mi entusiasmo habitual para no parecer afectado.

En apenas unos meses, había pasado de ser un migrante en París a estar invitado en casa de aquella pareja refinada que dictaba los gustos musicales de millones de francófonos. La discográfica CBS me había nombrado director de Desarrollo Artístico europeo, con el objetivo de lanzar las carreras internacionales de un grupo de artistas que tenían mucho éxito en sus países de origen. Julio Iglesias, Raffaella Carrà, Umberto Tozzi, Miguel Bosé, Francis Cabrel y Nina Hagen eran parte del elenco que tenía asignado.

El nuevo puesto me había permitido escaparme de la filial de la compañía en Madrid, que Tomás Muñoz dirigía de forma brillante pero muy personal. Muñoz profesionalizó la industria musical en España y fue uno de mis principales mentores, con un estilo de gestión que exprimía al máximo los equipos. Cuando Peter de Rougemont, su jefe, le pidió dejarme marchar fue un golpe para él. Yo en cambio lo acogí con tal entusiasmo que metí dos maletas en el coche y conduje trece horas seguidas sin parar ni a comer. Tenía que llegar lo antes posible a París.

Y allí estaba yo, apenas unos meses después, codeándome con *la crème de la crème* de la industria musical francesa.

Con este salto dentro de CBS, di también el carpetazo definitivo a mi carrera como cantautor e incluso como compositor. Muñoz aún me pedía arreglos y adaptaciones en mi puesto como director de Arte en España. Con esta nueva autonomía mi objetivo era distanciarme lo máximo posible de la producción de las canciones. Componer para algunos autores suponía un conflicto de intereses, ya que yo tenía que promocionar a los artistas por igual, y no quería dar pie a que pensaran que favorecía a los que cantaban mis canciones.

Monique, mi amiga, era poderosa como la pareja de productores, pero nuestro trato habitual me había hecho perderle ese respeto reverencial por su posición en la sociedad francesa. Con voz suave e ideas claras, ella dirigía la programación musical de RTL, la emisora de radio más influyente del momento, que ponía de moda lo que programaba, y se permitía tratar de tú a tú con los Carpentier.

Julio Iglesias nos había presentado y Monique, que lo admiraba muchísimo, me había abierto las puertas de todo París, gracias también a que supe ganármela y forjar con ella una relación muy estrecha. No dejaba de maravillarme de aquel golpe de suerte: en un momento en el que Europa miraba por encima del hombro a los españoles, yo desfilaba por París como en un paseo triunfal, en algo muy parecido a un sueño.

La reunión con los Carpentier era clave para lograr que Julio tuviera un éxito aplastante en Francia. Ellos producían un programa de televisión musical titulado *Numéro Un* («número uno»), que consagraba cada emisión a un artista que interpretaba las canciones de su repertorio en dueto con otros colegas. Monique se había enterado de que una de las siguientes emisiones estaría dedicada a Dalida, la cantante italoegipcia, y estaba decidida a introducir a Julio Iglesias como invitado, ya que sus voces empastaban a la perfección.

Convencer a los Carpentier no fue difícil. Éramos un tándem engrasado. El entusiasmo de Monique por Julio, sumado a mi papel de ejecutivo hipersonriente, nos permitió salir de aquel ático haussmaniano con la promesa de que mi representado participaría en el programa.

El magnetismo de Julio arrasó en las ondas y al poco tiempo los Carpentier programaron una edición con él como protagonista absoluto. Hasta dos veces en 1980 y otras tantas en 1981 —el programa se dejó de emitir un año más tarde—, Julio Iglesias fue el artista consagrado. Esas apariciones dispararon su popularidad y nos llevaron a vender cientos de miles de discos.

La prueba irrefutable del éxito que consiguió gracias a la televisión me la dio la portera del edificio donde yo vivía en ese momento, en el boulevard de La Tour-Maubourg. Un piso modesto pero que me permitía ver desde la cama la tumba de Napoleón iluminada.

Una noche se fue la electricidad de mi casa y bajé al sótano a buscar a la portera, madame Dupont, con la que tenía una relación cordial. No habíamos hablado antes de mi ocupación laboral. Me invitó a pasar a su apartamento porque tenía algo en el fuego y me dejó esperando en un comedor con unos muebles enormes. El lugar era diminuto, lo que obligaba a desplazarse por las estancias de forma lateral.

Sobre la mesa estaba el disco de Julio Iglesias *Emociones*, que en francés se tradujo como *À vous les femmes*.

Cuando regresó de la cocina le dije:

—Qué buen disco, ¿verdad?

Ella, sin saber a lo que yo me dedicaba, me replicó con una voz temblorosa por la emoción:

—Sí, monsieur Díaz, lo vi en la televisión y compré el disco. No lo puedo escuchar porque no tengo tocadiscos. Pero lo veo en la carátula y es tan guapo. Canta bellísimo.

Sentí que había logrado vender peines a calvos, y que aquello debía de ser lo más parecido al éxito total.

Julio era un trabajador infatigable, cada día me llamaba y preguntaba: «¿Novedades?». Así que cada jornada tenía que dar un paso más en nuestro plan de marketing.

Intenté replicar este triunfo televisivo en Italia con el lanzamiento de un álbum grabado en italiano, titulado *Sono un pirata, sono un signore*, por lo que le pedí al presidente de CBS Italia que me preparase un plan de marketing. Él me dijo que sería imposible promocionar a Julio Iglesias en los medios de comunicación italianos. «Im-po-si-ble». Inmediatamente pude identificar al enemigo: éramos nosotros, la propia compañía discográfica.

Decidí entonces hacer una estrategia de guerrilla, tipo Tupamaros.* No me rindo fácilmente, y recordé que Julio me había dicho que en un festival de canciones en Italia el presentador, Pippo

* Movimiento Nacional de Liberación de Uruguay, muy activo en los sesenta y principios de los setenta.

Baudo, le había ofrecido su apoyo si alguna vez quería conquistar el mercado nacional.

Baudo presentaba en ese momento uno de los programas más populares de la RAI, titulado *Domenica In*, que aún sigue emitiéndose en 2024, y le pedí a mi secretaria, Ana Bouchet, que me pusiera al habla con él diciendo que la llamada era de parte de Julio Iglesias.

Media hora más tarde, Ana me llama y me dice: «Tengo al señor Baudo al teléfono».

—*Pronto, Giulio, come stai?*

—*Molto bene, e tu?*

—*Senti, quando vieni a cantare a* Domenica In*?*

Yo, en mi macarrónico italiano, muy similar al que hablaba Julio, le dije:

—Pippo, he grabado un álbum en italiano dedicado a ti. Se titula *Sono un pirata, sono un signore*.

—¿Puedes venir a Roma el 13 de enero?

—Sin falta.

—*Tu sei grande*.

—Yo soy tu discípulo.

—Nos vemos en enero.

Julio Iglesias tuvo un enorme éxito en aquella actuación y vendió más de un millón de unidades, una cifra que nunca antes había alcanzado un artista extranjero.

El viaje a la inversa, de Italia a España, lo hice con Raffaella Carrà. Tanto Julio como Raffaella eran animales de televisión. De alguna forma creaban una simbiosis con el medio al tener una fuerte presencia en el escenario. El mundo de la música no es un mundo de cantantes o de actores, es un mundo de comunicadores. De eso depende el éxito, y Julio y Raffaella comunicaban con cada poro de su piel.

Promocionar a Raffaella tampoco estuvo exento de complicaciones. Meses antes de llegar a París —y por encargo de Tomás Muñoz—, adapté el tema «Tanti auguri» y lo reconvertí en «Hay que venir al sur». Muñoz me había pedido que lograra un éxito internacional, después de que Raffaella ya comenzara a triunfar con «Fiesta». Con la mención del sur, mi intención era alcanzar un éxito en cualquier sitio que se considerase «al sur» de algo: España, Italia, Latinoamérica...

Raffaella me había pedido que hiciera una letra «libre» y la versión le encantó, a ella, a CBS y al público, que durante décadas la ha bailado con pasión y sin descanso al sur de algún lugar.

En este caso fue la CBS de Argentina la que puso trabas a la expansión de Raffaella en el país. Los directivos locales se encargaron de difundir que los promotores argentinos que llevaban a la Carrà de gira por Argentina eran tratantes de blancas. Fuimos a Buenos Aires y los senté a unos frente a otros en una reunión para confrontar esas acusaciones disparatadas. La directiva local se replegó rápido, incapaces de sostener unos argumentos tan pueriles frente a los representantes de la italiana, y tuvieron que dejar paso a su entrada en el país.

Además, la dictadura censuró la letra de la canción y tuve que readaptarla como «Para enamorarse bien hay que venir al sur». Ni el Gobierno ni los empresarios locales consiguieron evitar que Argentina fuera uno de los mercados de Iberoamérica donde la intérprete vendió más discos. En ocho meses vendimos alrededor de 700.000 álbumes.

El éxito de Raffaella nos condujo incluso a Japón, donde la acompañé en una de sus giras. Raffaella había sonado en el archipiélago asiático con su tema «California» y representó a Italia en el Festival de Música de Tokio con la canción «Drin Drin», alcanzando el segundo puesto. Durante los ensayos, tuve un fuerte altercado con Joe Morita, el heredero del imperio de Sony, que estaba empeñado en que la italiana hiciera una coreografía y se comportara de una forma que le hacía sentir incómoda. La discusión casi nos lleva a las manos, pero conseguí que Raffaella no hiciera el ridículo en el escenario y ante las cámaras de televisión. La intensidad de la campaña promocional nos llevaba a pasar mucho tiempo juntos y la prensa italiana del corazón hizo especulaciones sobre si manteníamos un romance, algo que nunca fue verdad. Nuestra relación era excelente, pero no llegué a tener el control sobre su carrera (como sí lo tuve con la de Julio), y el tiempo nos fue distanciando.

Ella era una trabajadora incansable, ambiciosa y lista. Y también muy obsequiosa, hacía muchos regalos caros. Era generosa con su tiempo y le preocupaba mucho la gente. Los vecinos le decían: «Raffaella, hay un socavón en mi pueblo», y llamaba al alcalde para que lo arreglaran. Esa simpatía y naturalidad la llevaron a tener ese triunfo con varios programas de televisión en Italia y España, entre ellos el mítico *¡Hola, Raffaella!*

Además de su carisma personal, uno de los ingredientes que propulsaban a Raffaella y a Julio a internacionalizarse era la cuidada adaptación que hacíamos de sus canciones a otros idiomas. El respeto por el idioma local era la mejor tarjeta de presentación para nuestros cantantes.

Adaptar una letra a otro idioma es muy difícil, las nuevas palabras tienen que acompañar el ritmo y respetar las pausas, los acentos. Los letristas franceses son reconocidos por su destreza al traducir, pero en Italia estábamos teniendo problemas para encontrar un profesional a la altura de Julio. La suerte quiso que en 1975 el cantante se embarcara en un crucero por el Caribe, donde conoció a Gianni Belfiore, el director de espectáculos de la compañía naviera, que le pidió una oportunidad para traducir alguna canción de su repertorio, que se conocía al dedillo.

La primera prueba fue con «Si me dejas no vale». Resultó magnífica, y a partir de ahí se inició una colaboración que llevó al cantante a interpretar más de ochenta canciones en italiano, según dice Belfiore en su propia biografía. Las letras eran espectaculares, mejores incluso que las originales en español.

A principios de los ochenta, los artistas que me había adjudicado la CBS se comían el mundo y yo no paraba de trabajar como un loco para intentar superar que mi primera pareja, Katia

Brunner, me hubiese abandonado un par de años antes llevándose consigo a nuestra hija, Vanessa. Con todo, Katia me había regalado el conocimiento del francés, con el que me defendía holgadamente.

En 1980, Julio me invitó a pasar unas vacaciones en su casa de Indian Creek, en Miami, de forma que Vanessa podía jugar con sus hijos mientras nosotros trabajábamos en su nuevo disco. El compositor Tony Renis nos había mandado una melodía a la que había que poner una letra y pese a contar con la brillante colaboración de Ramón Arcusa estábamos bastante bloqueados.

Vanessa no tenía aún siete años y yo la observaba crecer con tristeza. Durante años he sentido un enorme dolor por no haber podido ser mejor padre. Me desperté una mañana y estuve un rato contemplando con melancolía cuánto había crecido.

Julio y yo tuvimos poco después una conversación sobre la nostalgia de ver a nuestras hijas crecer y surgió así la idea que se convirtió en la canción «De niña a mujer». Chábeli, que era al menos tres años mayor que mi hija, era la primogénita de Julio y en ese momento la que más brillaba. Había puestas muchas expectativas en ella. Ramón y Julio escribieron una preciosa letra que pasó a ser uno de los temas más intimistas de su repertorio, y también de los más vendidos.

La soledad con la que llegué a París no dejaba de ser un buen activo para la compañía, ya que trataba de olvidar el fin de mi relación trabajando día y noche y me apuntaba a cualquier evento que hubiera en marcha. Tenía el corazón roto, tenía insomnio y tenía ganas de comerme París.

Quienes me conocían, incluido mi jefe Alain Levy, creían que yo era algo así como el gigoló de Monique, pero nunca fue cierto. Éramos una pareja sin serlo y ella me llevaba como acompañante a sus diferentes compromisos. Aún me sorprendo de verme a mí mismo en el cumpleaños de Johnny Hallyday, contratado por la competencia, que era algo así como el Elvis francés, al que solo invitaba a una decena de personas. Y ahí estaba yo.

Gracias a la amistad de Monique con la familia propietaria de la sala Olympia, los Cocatrix, siempre estábamos en las mejores filas de los conciertos imprescindibles con los cantantes del momento. El Olympia era como un templo por el que había que pasar para consagrarse en Francia. No solo para los artistas nacionales, también para los internacionales, como Leonard Cohen, al que estábamos promocionando en ese momento.

Mi vida profesional iba literalmente sobre ruedas, porque yo había visto la moda de ir en patines al trabajo en un viaje a Nueva York y así llegaba a la oficina que teníamos en Franklin Roosevelt. Muchas mañanas me acompañaba la nueva directiva que acababa de llegar de Nueva York, Bunny Freidus, una de las pocas grandes ejecutivas mujeres en la industria de la música y de cualquier sector en aquel momento. Freidus me llamaba al salir de su casa por las mañanas con la bicicleta, y nos encontrábamos a medio camino para ir juntos en ese tándem sobre ruedas a la oficina. La mayor parte de la plantilla era extranjera, excepto Levy, un francés educado en Estados Unidos, otro de los mentores que ha marcado mi trayectoria. Llegar a aquella preciosa oficina pasando casi volando entre los viandantes y viendo sus caras de vértigo me producía cierta satisfacción.

Gracias al talento de los artistas que me dieron, en tres años cumplí mis objetivos en el puesto. Y, cuando ya estaba corriendo el peligro de empezar a aburrirme, algo que me sucede periódicamente en el trabajo cuando lo he exprimido intensamente, me ofrecieron ir a la oficina de Miami, ya que la compañía tenía problemas con el marketing en Latinoamérica. Cuando me hicieron la oferta tuve ganas de contestar: «¿Cuánto hay que pagar?».

París me dio lo que yo más necesitaba en ese momento de mi vida. Pero, una vez que me fui, no miré atrás y corté el contacto con Monique Le Marcis.

Veo amanecer, lluvia de cristal,
no pude dormir, dejadme soñar, soñar...
Lento caminar, voy sin sonreír,
rápido pensar que me hace sufrir, sufrir...

«La juventud tiene razón»,
MANOLO DÍAZ (1969)

El increíble éxito comercial de Julio Iglesias en Europa fue el resultado tangible que catapultó la fama de Manolo Díaz dentro de CBS. Una rampa de lanzamiento. Su desempeño superó las expectativas de la empresa en un corto periodo de tiempo, lo que le hizo brillar como un ejecutivo superventas. Su mano izquierda lo ayudó a salir airoso de las delicadas relaciones internas en la compañía, y con un trato cercano y exquisito se ganó a los artistas y los directivos por igual.

Julio se convirtió en su amistad más duradera de las que forjó durante ese periodo. Casi medio siglo después se siguen llamando prácticamente a diario, una relación reforzada por el hecho de que ambos terminaron viviendo en Miami. Con ochenta años, ya no hablan de cenas y de chicas. El tema principal ahora son los achaques.

«Me pusieron a mi lado a una persona increíble», dice Julio Iglesias, feliz de hablar de sus inicios con Díaz, en el que siempre vio a un compañero —misma edad, mismos idiomas— que le hacía muy fácil un trabajo exigente.

Ambos estaban recién divorciados y salían prácticamente todas las noches que el cantante pasaba en París y en las giras por el resto de Europa. Pero también trabajaban muy duro. El cantante era extremadamente ambicioso y estaba muy pendiente de su carrera y sus resultados. A Manolo le gustaba «hacer bien todo lo que se hace», lo que en ocasiones derivaba en un punto de obsesión por el trabajo. Si Julio llamaba, Manolo siempre estaba ahí con la respuesta preparada y de buen humor. «Él me ayudó muchísimo, éramos dos putos por el mundo», dice Iglesias recordando su famoso marketing de guerrilla. «Cenamos por toda Europa, teníamos una historia muy bonita. Yo sigo llamando a Manolo casi a diario».

Los dos tienen clara su anécdota favorita de esta longeva amistad y sucede precisamente en esos años de cenas y fiestas en la capital francesa.

Obligado por las exigencias de la promoción, Julio se alojaba largas temporadas en el Intercontinental de París. Un sábado llegó al hotel bastante tarde con una petición complicada para Manolo: reservar un restaurante para ir a cenar con Bianca Jagger, la todavía esposa de Mick Jagger, que le quería proponer participar en un concierto benéfico por la causa sandinista.

Julio no tenía ninguna intención de cantar para los sandinistas, pero la idea de cenar con la modelo y esposa de uno de los cantantes más importantes de la música rock sí le seducía. Encontrar un restaurante ese sábado por la noche en París era casi imposible, porque se celebraba una feria internacional del automóvil. Ni siquiera Sergio, el conserje del Intercontinental, que siempre tenía buenas ideas, era capaz de dar con una mesa libre.

Díaz recordó entonces un restaurante brasileño algo cutre, Chez Guy, en el que sí quedaba sitio y para allá se fue en un taxi con José María Castellví, fotógrafo de cabecera de Julio y del *¡Hola!* Al poco llegaron juntos Julio y Bianca, y los cuatro iniciaron lo que se anticipaba como una divertida velada en un lugar poco frecuentado.

Julio era muy desvergonzado en aquella época y se arrimaba a Bianca todo lo que podía. El cantante recuerda con precisión el momento que definió la noche: «Entre las bromas que le estaba haciendo a Bianca una fue: "¿Te imaginas que ahora entra tu marido por la puerta?"».

Y así sucedió. La puerta se abrió y apareció el cantante de los Rolling Stones con Bill Wyman, el bajista. Ambos pasaron delante de su mesa, aparentemente sin ver al cuarteto, que se quedó helado. «Julio se puso hasta pálido», añade Manolo entre risas.

El resto de la cena trascurrió en un ambiente tenso, con Iglesias ocupado en marcar distancias con la nicaragüense y sofocando sus bromas, dada la proximidad del marido de Jagger. Los dos miembros de los Rolling terminaron su cena muy rápido y volvieron a pasar por delante de ellos. Esta vez, Mick Jagger se paró.

«Él se acercó a la mesa y le dijo a Bianca: "*Fuck you, you better go back to the favelas you come from*". Cogió la puerta y se fue», cuenta Julio Iglesias recordando aquel sorprendente momento.

Los dos siempre sospecharon que de alguna forma alguien le había dado el chivatazo a Mick Jagger de dónde estaba su esposa, todo esto en medio de su proceso de divorcio. Porque ¿a quién se le ocurre comer brasileño en París?

Hoy, Bianca Pérez dice que este recuerdo tal y como lo cuentan Iglesias y Díaz no sucedió así, pero declina entrar en más detalles.

Casi medio siglo después, a Iglesias le gusta rememorar aquel episodio comparando su fama con la de los Rolling Stones. En una escena de la película *Running Out of Luck*, de 1987, Mick Jagger entra en un ultramarinos en Brasil pidiendo permiso para llamar por teléfono. Los dueños se lo niegan y, cuando él intenta explicarles que es un cantante famoso, ellos le dicen que solo conocen a Julio Iglesias. Al español le fascina esta secuencia.

Posteriormente, Manolo cenó en varias ocasiones con Mick Jagger. En 1985, el británico viajó a Madrid para promocionar su primer disco en solitario, *She's the Boss*. Como había sucedido en París, Jagger aterrizó muy tarde y Díaz tuvo que pedir al restaurante La Dorada que permanecieran abiertos para que pudieran cenar. Los acompañó el director de Internacional de CBS en España, Adrian Vogel.

En la cena, Jagger se mostró muy decepcionado porque, al visitar una tienda de discos en Brasil —durante sus giras tenía la costumbre de disfrazarse para hacerlo—, vio que solo tenían discos de un cantante español: Julio Iglesias, así que Manolo le ahorró la anécdota de París. Lo más importante era tenerlo contento y vender muchos discos.

«Julio no era siempre fácil y Manolo era muy bueno lidiando con él. Pero es que, además, lo hacía de una forma muy creativa. Su labor fue la clave para el éxito de Julio Iglesias en Europa», recuerda Bunny Freidus, que durante un tiempo fue jefa directa de Manolo en el área de marketing para el continente europeo. Cuando la estadounidense regresó a la central en Nueva York, se encargó de hablar maravillas del desempeño de Manolo, ampliando aún más su reconocimiento dentro de la compañía.

Manolo tuvo dos jefes en París. Uno fue Alain Levy, que en las décadas siguientes terminó siendo consejero delegado mundial de Polygram (rebautizada posteriormente como Universal Music) y de EMI. En todos los puestos que desempeñó, siempre contó con Manolo como alto ejecutivo.

Levy no conocía el pasado de Díaz como cantautor, pero enseguida vio que la relación que establecía con los artistas era muy diferente, y que eso definía en buena parte el éxito de la promoción. «Les daba las armas para cumplir sus ambiciones», recuerda Levy, que ve en aquellas capacidades de persuasión, incluso dentro de la propia compañía, las claves del éxito.

Freidus recuerda vívidamente el primer día que llegó a la oficina de París y Manolo la llevó a cenar con Umberto Tozzi.

«Cambiaba de idioma y hablaba con igual naturalidad en inglés, francés, italiano... Para una americana como yo era simplemente una maravilla verlo manejar así las lenguas». La carismática ejecutiva estadounidense lo recuerda como «perfecto» en todo lo que hacía, pero, sobre todo, le impactó su ansia por hacer cualquier tarea de manera impecable, como un profesional totalmente entregado a cada uno de los artistas que tenía bajo su tutela.

El tremendo triunfo cosechado con aquellos primeros artistas en París le abrió las puertas al reconocimiento en la multinacional. Manolo suele decir que la suerte lo pilló despierto. Solo se le escapó la carrera de la cantante punk alemana Nina Hagen, a la que el gran público no llegó a entender.

Pese a la tremenda popularidad de Raffaella Carrà, no se puede hablar exactamente de superventas. Lo cuenta uno de sus primeros mánager, José Luis Gil, responsable de fenómenos tan peculiares como Locomía e impulsor de la carrera de Miguel Bosé: «Hay un momento en que Raffaella se da cuenta de que la música es un entremés en sus programas de televisión». Gil fue quien robó a la italiana en 1981 para llevársela al sello Hispavox, otra de las razones por las que Manolo no termina de fraguar la misma relación con ella que con Julio. Carrà se termina convirtiendo en una *show-woman* y, aunque sus éxitos se siguen bailando décadas después, es su carrera en la televisión la que la consagra como otro tipo de artista.

Los franceses amaban a los solistas y, pese a su fama de chauvinistas, abrazaban también con pasión a los cantantes extranjeros. Francia ha sido país de acogida para intelectuales en apuros y, si hay calidad, no es un mercado tan complicado como otros para introducir voces de fuera. En aquellos años, la clave para cuidar el lanzamiento y que resultara un éxito era cantar en francés. La fórmula de utilizar el idioma local se reprodujo con el mismo acierto en el desembarco de Iglesias en otros países.

Johnny Hallyday y Francis Cabrel eran las estrellas del momento en el país galo. Cabrel era del sur de Francia y, cuando cantaba, marcaba las erres como un español. Su «Je l'aime à mourir», tuvo un éxito arrollador y se ha traducido una y otra vez con nuevas adaptaciones y versiones. En ese ambiente de solistas trovadores, Julio encajó muy rápido.

Cuando llegó a Francia, a Manolo le pareció aterrizar en el epítome de la cultura, con el claro sesgo del círculo en el que se integró en la vida en París. Dejaba atrás un país en transición democrática para saborear las mieles de una de las democracias más consolidadas de Europa. El conservador Giscard d'Estaing estaba en pleno acelerón de la modernización de Francia, con la aprobación del aborto y el divorcio de mutuo acuerdo. La economía languidecía bajo el llamado shock del petróleo, pero los años de París parecían blindados a ese infortunio.

Teddy Bautista, amigo de la época en la que Manolo y él trabajaban bajo las órdenes del mismo productor a finales de los sesenta en Madrid, lo fue a visitar en un par de ocasiones a París, y lo recuerda fascinado con la cortesía francesa. Y a Manolo muy integrado en la llamada alta sociedad. Bautista frecuentaba los clubes de rock y blues, ya que había empezado a producir en España grupos de rock como Leño o Topo. El suyo era un ambiente algo «macarra», opuesto al que frecuentaba Manolo, que iba a las famosas fiestas del magnate de la industria discográfica Eddie Barclay, a quien se le atribuye haber creado de alguna forma el concepto de jet set. El empresario francés organizaba unos increíbles encuentros en Cannes donde se desplazaba lo más granado de la sociedad europea.

Este es otro de los atributos que caracterizan la carrera de Manolo: en cada mercado intenta formar parte del círculo que más puede ayudar al desarrollo de sus artistas y al negocio. Lo hace en París con esta alta sociedad y también lo hará en Madrid en los ochenta con la movida o en Miami con el círculo de los Estefan. Es un camaleón social.

También se integró con naturalidad en el círculo de la fama de Julio Iglesias. Su hija Vanessa recuerda perfectamente cuando pasaron las Navidades con él y su familia. «Fueron unas vacaciones extraordinarias y surrealistas para mí. Mi padre trabajaba con Julio todos los días y yo jugaba con Chábeli, Julio José y Enrique. Pero todas las noches dormía al lado de mi padre en la misma cama», cuenta la hija mayor de Manolo. «Vino un fotógrafo del *¡Hola!* para hacer un reportaje y Julio insistió en que yo apareciera junto a sus hijos y sobrinos. Y ahí salí, en el primer *¡Hola!* de 1981, para el mayor orgullo de mi madre y de mis abuelas».

Su don de gentes le sirvió para trabar rápida amistad con los compañeros de la pequeña oficina, hasta el punto de que en unos meses fue el padrino de boda del abogado de la empresa, Pierre Sissmann, que procedía del mundo de las finanzas y carecía de experiencia en la industria musical o del entretenimiento. Sin embargo, terminó siendo uno de los ejecutivos líderes de Walt Disney en Europa. «Manolo me enseñó la empatía, algo que nunca más nadie me ha enseñado en el mundo profesional», dice. Manolo, por su parte, era un inexperto en cuestiones económicas, así que Pierre se encargó de enseñarle los pormenores de cómo llevar una empresa.

Pese a que fueron desarrollando una relación muy personal, Sissmann se sorprende de no haber percibido nunca esa soledad con la que Díaz empezó sus andanzas en París, marcadas por la lejanía de su hija. El español parecía lleno de vida, cada semana le presentaba a una novia. Pero también tenía tiempo de organizarle divertidos planes para él y su mujer, como un pícnic en los jardines de Versalles. «A Manolo le gustaban más las chavalas que a un tonto un lápiz», apostilla Julio Iglesias con el aplomo propio del conocimiento. Freidus pone un contrapunto a este comentario. Cuarenta años después sigue recordando al ejecutivo como uno de los pocos «caballeros» en el negocio y que dentro de ese mundo de hombres la trataba con un respeto exquisito sin ninguna distinción por su género.

Sissmann, que acabó escribiendo relatos para niños y fue guionista de series de televisión, recuerda aquellos tres años con nostalgia, por la intensidad con la que se vivía cada día junto a Díaz. Resultaba imposible seguirle el ritmo a Julio y Manolo. «Manolo se podía enfadar muy rápido o ponerse, como él decía, "nervioso", y con la misma celeridad se calmaba y bromeaba encantador. El temple fue algo que le he visto ir ganando con los años», asegura el abogado, que sufrió varias veces su genio.

En su última etapa como ejecutivo de discográficas en EMI, en la década de los 2000, sus colaboradores subrayan cómo Manolo no se alteraba por nada. Era el rey de la tranquilidad. Pero ese fue el resultado de un cambio de carácter que trabajó durante décadas. En París no era así. Uno de esos legendarios enfados de Manolo se dio cuando Sissmann estaba en proceso de aceptar un puesto en otra compañía, lo que coincidió con el anuncio de la marcha de Manolo a Miami. El español fue a su casa a convencerlo de que se quedara en la discográfica y aceptara su cargo. Era un día de mucho calor en París y las ventanas del apartamento estaban abiertas. Sissmann se distraía, literalmente, con los vuelos de las moscas, sacando de quicio a Manolo, que terminó chillándole. «Al final, acepté el puesto de Manolo y comenzamos otra etapa increíble juntos en CBS».

2

El tren ha partido

El tren ha partido, y va como viento,
que arrancando postes y arrastrando hierros,
produce el ladrido de miles de perros,
voy a ver si logro encontrar asiento.

MANOLO DÍAZ (1968)

El vagón del tren traqueteaba con furia. La ruta Madrid-Oviedo estaba llena de curvas, y el pasaje de aquel viaje de inicio de verano estaba completo. El equipaje se apretaba en los estantes superiores y también bajo los pies, multiplicando la sensación de calor y de bochorno. Algunas bolsas con objetos dispares se expandían por el pasillo, trazando una divertida pista de obstáculos para los niños más pequeños que se movían por el coche. Mi madre estaba distraída persiguiendo a mi hermano menor, Luis, cuando saqué la armónica del bolsillo y comencé a tocar. A los once años ya era consciente de los gustos del público, así que me arranqué con «A coger el trébole», una canción popular asturiana. Antes de que mi pobre madre pudiera reñirme, el vagón completo estaba dando palmas.

Había sido en la Navidad de 1952 cuando logré reunir cien pesetas, y todavía calientes en el bolsillo corrí al mercadillo temporal de la glorieta de Quevedo en Madrid para comprar aquella armónica. No tenía ni idea de cómo tocarla, pero con paciencia le fui arrancando las notas. Lo mismo me daba Brahms que la canción popular que sonara en el momento.

Llevaba matriculado desde los siete años en el conservatorio de música y declamación de la calle San Bernardo, donde nos enseñaban solfeo. Por aquel entonces éramos unos recién llegados a la gran ciudad desde nuestra Asturias natal. Cuando me hicieron el examen de ingreso, apenas sabía leer y escribir con propiedad. Al entregar las respuestas un miembro del tribunal me preguntó: «Pero bueno, ¿qué es esto, chino?». Y yo le dije muy serio: «No, no, soy de Oviedo». Mi hermano José Ramón, apenas dos años menor que yo, también se apuntó conmigo, pero lo dejó rápido, porque aguantar esas clases de solfeo era realmente heroico y más de una vez se quedó dormido.

Para mi familia, la música formaba una parte natural de nuestra vida. Estábamos rodeados de melodías desde que mis padres se conocieron en Oviedo —donde yo nací—, que, de alguna manera, es en sí misma una ciudad musical. Ellos eran opuestos. Mi madre era bajita, mi padre muy alto. Ella era profesora de piano y no podía tocar ninguna pieza sin leer la partitura; él no leía música, pero improvisaba cualquier tema al piano, al acordeón, a la guitarra, y con un cajón, un palo de escoba, una cuerda y un arco de cello interpretaba melodías de Schubert.

En nuestra casa estaba el piano vertical de marca Pleyel, como el de Chopin, y en él mi madre tocaba sus preludios y nos enseñaba *El lago de Como*, de Galos. Mi padre tocaba habaneras, cumbias y la popular canción venezolana «Alma llanera». Ambos eran fanáticos de la ópera, pero el precio de las funciones era alto y no nos llevaban a los niños. Aún estábamos en Oviedo durante el arranque de la temporada de ópera, en septiembre. Cuando ya era un preadolescente empezaron a contratarme de comparsa. Y así, disfrazado de soldado, de romano o de mendigo, podía seguir las óperas desde un lugar increíblemente privilegiado: el escenario.

Mi madre extrañaba de forma constante a sus hermanas y sus padres, así que cada año de nuestra infancia pasábamos los tres meses de verano en Asturias. Oviedo era para nosotros la vida lúdica, la pandilla de amigos del Campo San Francisco con los que caminábamos arriba y abajo gastando suela, incansables, por el paseo del Príncipe —ahora paseo de los Álamos—, mientras mirábamos a las chicas que paseaban en dirección opuesta. Subía constantemente a la cima del monte Naranco por un atajo que se llamaba «el Plano», que era un camino que habían construido para bajar con vagonetas el mineral de una mina. Salía de mi casa por la mañana y no volvía hasta la noche. Parte de las vacaciones también discurrían en la playa cuando íbamos a Luanco, la villa marinera en la que veraneábamos a apenas media hora de la ciudad, o si nos pasábamos a visitar a mi familia paterna en Avilés o Gijón.

Y Oviedo era música, eran mis tías cultas e intelectuales, algunas de las primeras universitarias de la República, que cantaban, hacían obras de teatro y pintaban cuadros mientras recitaban las declinaciones en latín. En Oviedo, los años de la posguerra transcurrían de otra manera. Vivíamos en el emblemático edificio art decó de la Casa Blanca, entero de mármol blanco como un panteón, que había construido mi abuelo, Ramón Martínez Cabal. La calle Uría y el Campo San Francisco también eran de alguna manera reductos de felicidad y, sobre todo, de prosperidad, que nos mantenían aislados del hambre que en esos años asolaba España.

La Asturias que percibía fuera del ámbito familiar me impactaba mucho de joven. Era una región trabajadora, exigente consigo misma, negra y dura en el fondo de la mina, verde en los valles y azul a la orilla del mar. Era perfecta.

Una vez que atravesábamos las montañas, el río Nalón corría, negro por el carbón, paralelo al camino a Oviedo. Tardé tiempo en entender que estaba sucio por el trabajo de los hombres. Me atraía mucho la historia de la Asturias revolucionaria, de los mineros que se habían levantado de una forma épica y ejemplar para el resto de España. Lo reflejé años más tarde en la canción «Sierras y valles». De alguna forma, en mi música Oviedo terminó siendo canción protesta y Madrid sonaba con melodía pop.

Los de Oviedo éramos una pandilla de niños muy variada, y en absoluto carcas. El que luego fuera periodista de televisión, Ramón Sánchez-Ocaña, era uno de los fijos y manejaba la especialidad de contar chistes. Nos reíamos muchísimo con él. Otros habituales eran los hermanos Santullano. Con Gabriel recuerdo el disparate de ir los dos en bici a Covadonga. Fue una locura total, con aquellas bicis de sillines como piedras y esas carreteras estrechas donde los coches nos pasaban volando. Al volver tardábamos varios días en poder sentarnos. Gabriel terminó militando en el Partido Comunista y fue encarcelado. Pero en ese momento no hablábamos ni discutíamos de política. Éramos unos muchachos un tanto ingenuos, siempre muy ocupados en planear nuestra próxima escapada. Y también, cómo no, en cortejar algunas chicas.

Aun así, la Guerra Civil estaba muy presente. Los primeros años de posguerra —hasta quizá el inicio de la década de los sesenta— yo percibía que los vecinos se ayudaban unos a otros, tratando de salir de un conflicto que había estallado por unas diferencias, en algunos casos, impuestas. Pero conforme pasaron los años ese sentimiento de paz recién estrenada se fue desgastando. La idea de que un nuevo enfrentamiento estaba fraguándose dio origen a mi canción «Posguerra», con la que comencé mi carrera como cantautor en 1967.

La vida en Madrid era lo opuesto a la diversión de Oviedo, aunque mi hermano José Ramón, mi primer amigo de verdad, y yo hacíamos lo posible por subir la adrenalina, inventándonos todo tipo de travesuras. Yo era el instigador, y él, el ejecutor.

El Madrid de los años cincuenta era ir al colegio (primero al Ramiro de Maeztu y luego al Cardenal Cisneros), estudiar, hacer deberes y llegar al conservatorio agotado. A los alumnos de solfeo nos estaba prohibido tocar un instrumento, un procedimiento muy eficaz para reducir el interés de los jóvenes por la música.

Aquella armónica me dio la vida. Arrancaba las melodías que sonaban en mi cabeza y me hacía sentir que podía tocar un instrumento. Al final de la época de estudiante nos dejaban tocar el piano, que estudié tres años. Pronto otro tercer instrumento captó mi interés: la guitarra.

Compré la primera a plazos a Máximo Baratas, el compositor alavés responsable de la mítica sintonía «Vamos a la cama», que había abierto una tienda de instrumentos en la calle Leganitos. La guitarra tenía forma de ancla. Los fines de semana, que era cuando nuestros padres nos dejaban tiempo libre, los pasábamos en las instalaciones del Canal de Isabel II, muy cerca de nuestra casa de la calle Ríos Rosas. Por las mañanas, mi padre era el contable de la empresa que gestionaba el Canal, que suministra agua de forma pública a la Comunidad de Madrid, y por las tardes ejercía como secretario del club deportivo, en aquel momento solo de acceso para las familias de los ingenieros de Caminos del Canal. Trabajaba casi doce horas al día y apenas lo veíamos.

El club era nuestro lugar de esparcimiento por excelencia y ahí armé una pandilla de amigos que se convirtieron en mi pasaporte definitivo a la música. Uno de los primeros a los que conocí fue Fernando Arbex, con el que compartía inquietudes: jugábamos al baloncesto y tocábamos la guitarra.

Arbex tenía una amiga cuyo padre era piloto de Iberia y hacía el trayecto Madrid-Nueva York, a la que yo le encargaba que nos comprara los sencillos de la música que se llevaba en Estados Unidos y que nos intrigaba mucho conocer. Poco a poco nos fue trayendo los vinilos que estaban en el *top ten* de las listas de esa década, la de los cincuenta, y así fue como descubrimos los sonidos del rock and roll, el twist o el blues, tan de moda al otro lado del mundo.

También sintonizábamos Radio Torrejón, la emisora de la base aérea americana, que pinchaba la música que escuchaban los soldados estadounidenses. Otra fuente de conocimiento era el programa de radio *Caravana musical*, de Ángel Álvarez, también empleado de Iberia y viajero frecuente del trayecto a la Gran Manzana. Álvarez hacía una selección de melodías estadounidenses acordes con el gusto español. El programa se rebautizó como *Vuelo 605* y durante décadas dio una lección de música popular desde las ondas.

Nuestros favoritos del momento eran Elvis Presley, The Everly Brothers y The Platters. De Elvis recuerdo que el padre piloto nos trajo el «Jailhouse Rock», «Don't Be Cruel» y «Blue Suede Shoes». Pero es posible que el que más me impactara fuera un tema de The Kingston Trio que se llamaba «Tom Dooley» (1959). La canción definitiva que nos dio alas a los chicos madrileños que soñábamos con el rock fue «La plaga», de los Teen Tops, un grupo mexicano que versionó en español el tema «Good Golly, Miss Molly» de Little Richard.

Terminando la Secundaria, Arbex se unió como batería al primer grupo de rock de España, Los Estudiantes. Fue un conjunto vanguardista, y Arbex un músico de muy alta calidad. Al tiempo se unió su hermano Luis, que falleció poco después haciendo la mili al caer de un camión. Un mazazo para Fernando y para sus compañeros. Los Estudiantes no lograron remontar la tragedia y se terminaron disolviendo, pero Arbex se integró en otro de los grandes referentes de la época, Los Brincos. Junto con Juan Pardo, Antonio Morales (conocido como Júnior) y Manolo González desarrollaron un proyecto inspirado en The Beatles que tuvo un éxito tremendo.

Después de la disolución de Los Brincos, mi amigo siguió en el mundo de la música con bandas de éxito internacional como Barrabás, que cantaban en inglés y triunfaron en Estados Unidos. Se dedicó a componer para terceros, pero ya entrados los noventa fue acusado de tráfico de drogas y pasó unos meses en la cárcel. En esos años, yo estaba en Miami como alto ejecutivo de una discográfica y me trajo unos temas, unas canciones que había compuesto y que no supe ver. No tenía ni idea de qué hacer con ellas. Falleció en 2003 y me quedan los remordimientos y la impotencia de no haberle sabido ayudar.

Con Arbex formando parte de Los Estudiantes, tuve que buscar nuevos compañeros con los que tocar música en el club del Canal. Encontré a los hermanos González Picatoste, José María y Santiago, y en 1958 montamos un conjunto llamado Los Mágicos. Ensayábamos en los aseos de las instalaciones deportivas para que nuestras voces tuvieran reverberación con los azulejos y hacíamos versiones de los grandes éxitos que nos gustaban.

Llegamos a tocar en el Whisky Gin Club, un sitio de copas del barrio de Salamanca. El local era un subterráneo underground donde nos poníamos a actuar en medio de la gente, con bastante éxito, a veinte duros la actuación. Eso me convertía en el más rico del instituto: comía más patatas fritas que nadie en el recreo e invitaba a los amigos. Por contra, me acostaba a las dos y me levantaba a las ocho.

También probamos fortuna al arrancar la década de los sesenta en un concurso de TVE, *Salto a la fama*, para descubrir nuevos talentos. Aquel era un formato muy habitual en el nacimiento de la televisión, por su bajo coste y la pegada entre el público joven. En esa época aún no teníamos televisión en nuestra familia, pero unos vecinos de Ríos Rosas nos invitaban por la noche a ver algunos programas a su casa.

Seguíamos pasando una larga temporada de verano en Asturias, y en una de esas ausencias los Picatoste se unieron a otro grupo, Los Jets. Para mí verlos ahí fue una sorpresa enorme porque sonaban realmente bien y cuando tocábamos juntos no había percibido esa calidad.

Esos años estuvieron marcados por el fin del ostracismo internacional del régimen gracias a la reapertura de relaciones con terceros países. En 1959, la visita del presidente estadounidense Dwight Eisenhower a Madrid simbolizó ese punto de inflexión y, a escondidas de mis amigos y de mi familia, bajé a verlo marchar por el paseo de la Castellana. La comitiva iba rápido, y yo corría a la misma velocidad intentando ver a Ike en su coche descapotable. No se lo conté a nadie durante mucho tiempo.

Yo había nacido para dedicarme a la música, pero mis padres habían planeado que yo fuera ingeniero. Después de aquellos tres años de piano empecé a suspender asignaturas y decidieron sacarme del conservatorio, algo que nunca debí aceptar. Mis padres nos internaron en un colegio a mi hermano José Ramón y a mí durante un verano para recuperar las asignaturas suspendidas. Fue un tremendo alivio para ellos cuando en 1960 me admitieron en la Escuela de Ingeniería Civil de Madrid y parecía que podía llegar a ser un licenciado universitario. Pese a ser mal estudiante, la música me ayudó a brillar en matemáticas y en trigonometría. Las amigas de mi madre soñaban con que sus hijas se casasen con un ingeniero, no con un músico, y, por poco tiempo, en mi familia creyeron que eso podría convertirse en realidad. Yo me hice a la idea de que ser perito de Obras Públicas suponía prepararme para una profesión al aire libre. Me imaginaba en el campo, y de cuando en cuando pasando por una oficina.

Pero la universidad, a la cual asistía de forma irregular, no cambió mi pasión musical y al poco tiempo, de la mano de José Luis «Joe» González y del valenciano Carlos Guitart, entré como guitarrista en otro grupo musical, en este caso ya algo asentado, que se llamaba Los Sónor. Versionábamos con furor el baile de moda: el twist.

Antes de la aparición de The Beatles en 1962 no era nada habitual que se cantara y se tocara a la vez, y nosotros hacíamos ya unas armonías con voces increíbles al estilo de The Platters. Joe era el músico más talentoso pero, como a Arbex, tampoco lo acompañó la suerte. Iba al volante del coche en el que la cantante Cecilia falleció tras un fatal accidente. Fue el verano de 1976.

Ya en 1962, grabamos con la discográfica RCA un formato de disco novedoso que se llamaba *extended play* (EP) y que contenía cuatro temas. Uno de ellos, «El relicario», tuvo buena acogida. Se trataba de una versión de la canción clásica homónima (aquella que dice «Pisa, morena, pisa con garbo…») con voces y armonías de twist. Era de un absurdo increíble y sin embargo funcionó.

Entre los diversos bolos que hacíamos, nos presentamos al III Festival Costa Verde de Gijón, un evento que quiso nacer a rebufo del éxito del de Benidorm, y que apenas duró cuatro ediciones. El certamen se radiaba en directo y en 1962 le tocó el papel de presentadora a Menchu del Valle, la abuela de la reina Letizia. En esa ocasión, la ganadora fue la guapísima actriz y cantante inglesa Sandra Lebrocq, con el tema del Dúo Dinámico «Somos jóvenes». Como parte del espectáculo nos pidieron que uno de nosotros saliera a bailar un twist con ella. Lebrocq nos hizo una especie de casting a los cuatro y decidió que yo fuera el agraciado, así que a golpe de twist cerramos juntos la jornada. Tiene mérito porque ella también era muy reconocida por su papel de coreógrafa.

Otro de los puntos álgidos de aquel año fue que nos escogieron como grupo de acompañamiento para la actuación de Paul Anka en el Palacio de los Deportes de Barcelona. Para nosotros fue como si nos hubieran elegido para tocar con una deidad. Pasamos semanas ensayando, pero con él creo que ni llegamos a hablar. Salió al escenario e interpretamos aquel repertorio que habíamos memorizado, con himnos imprescindibles de los guateques como «You Are My Destiny» y «Diana».

Ese verano recorrimos España con un mánager cruel que iba a sacar su tajada sin importarle un bledo si estábamos cansados o no. Un día tocábamos en Ferrol y al día siguiente en Cádiz, no había ninguna lógica en la gira. En total, aquel estío ahorré 15.000 pesetas y acabé más delgado que un palo, con quince kilos menos, y unas ojeras que me llegaban hasta el suelo. Fue también un buen aprendizaje profesional de cómo no tratar a un conjunto de artistas, por muy noveles que fueran.

Entre conciertos y viajes, sacaba la carrera a trancas y barrancas. Mi padre, instigado por mi madre, me echaba en cara mi falta de estudio —ambos estaban convencidos de que la música jamás podría llegar a ser una forma de vida— y en una discusión en casa me llamó «vago». Ese adjetivo me llegó al alma, y como contestación me puse a trabajar en la construcción de la primera autopista de España, que unía Madrid con A Coruña, la A-6. Mi puesto era de peón de mira (los ayudantes de los topógrafos que sujetan una regla que se conoce como mira).

Una de esas tardes en la calzada, en lo que se conocía como la cuesta de las Perdices, vi un anuncio de una constructora estadounidense, Raymond-Brown. Buscaban topógrafos con poca experiencia para trabajar en un proyecto de construcción de un ferrocarril y un puerto en la costa de Liberia, en África Occidental. Una empresa sueca había encontrado un yacimiento de hierro de gran riqueza en ese punto perdido del planeta y los estadounidenses los estaban ayudando a explotarla.

Me presenté en la Torre de Madrid donde estaba la sede de las oficinas. Me abrió un americano muy grande que me habló en inglés. Le dije: «No me hable en inglés, que no entiendo nada». Cuando supo que no tenía el título, que no sabía inglés, que solo había trabajado un mes en mi vida y que, aun así, me quería ir a África, me miró perplejo. «Creo que voy a dar un servicio muy importante a la compañía», le dije muy serio. Aún no sé cómo, pero pasé las pruebas de acceso y me anunciaron que viajaría de forma inminente.

Sucedió de la noche a la mañana. Dije en casa que me iba a Liberia y la familia puso la bandera a media asta. Mi madre tuvo que buscar el país en una enciclopedia. «Clima malsano, fiebres malarias, selva pantanosa...». Lloraron muchísimo —en nuestro temperamento está tanto el llorar como el discutir—. Les causé mucho dolor con mi aventura. Anuncié a Los Sónor mi marcha, y decidieron sustituirme por Tony Martínez. Años más tarde nos volveríamos a encontrar en el proyecto musical más exitoso de la época dorada del pop español: Los Bravos.

Mi primer viaje fuera de España no pudo ser más accidentado. Me habían dicho que mi destino, el aeropuerto de Roberts Field, era la segunda parada, pero no me advirtieron de que había una escala en Canarias. Así que conté la segunda parada y me levanté para coger mis cosas y bajarme. Una azafata vino rápida a detenerme, y, pese a que no entendía casi nada de su inglés, comprendí que estábamos aún en Conakri, la capital de Guinea.

La parada era larga y permitía estirar las piernas, así que me bajé del avión y por primera vez recibí esa bofetada de aire caliente tan característica del trópico. Pensé: «Yo aquí me muero». Saqué una cámara fotográfica que llevaba conmigo para documentar mi paso por Conakri y la azafata se acercó corriendo a evitarlo porque estaba prohibido hacer fotos. En el aeropuerto coincidimos con una visita de Estado soviética, ya que el país estaba afianzando sus relaciones con Moscú. Parece que eso lo habían contado por los altavoces del avión y, por supuesto, yo no me había enterado de nada. Tras echarme una nueva bronca y quitarme la cámara, me amarró con un imperdible un letrero en la camisa que ponía: «A Robertsfield». Claramente no se fiaba de mí y tenía miedo de que me quedara varado en Conakri. Creo que no me he sentido tan paquete en mi vida.

Al llegar a Liberia nos instalaron en el campamento de la empresa LAMCO, en la ciudad costera de Buchanan, habitada por una tribu primitiva llamada Bassa que practicaba la poligamia y la ablación del clítoris, y donde las niñas se vendían por dinero en matrimonio a partir de los doce años. Las muchachas iban con los pechos pintados de cal, rodeadas por enjambres de moscas, y nos pedían dinero cada vez que abandonábamos el campamento. Fue un shock total.

El ambiente en el campamento y en el país era de una violencia extrema, lo que sumado a mi falta de conocimiento del inglés me hacía sentir en alerta y vulnerable de forma permanente. Creo que en ese momento tuve mi primer episodio de insomnio, una dolencia que me acompañaría en otras temporadas a lo largo de mi vida. Durante un mes no dormí ni una hora, o esa era mi sensación. La ausencia de sueño me hizo entrar en un bucle en el que me ponía más nervioso y preocupado por no dormir. Logré por fin parar ese círculo vicioso y me dije a mí mismo que no necesitaba descansar y que lo que debía hacer era aprender inglés durante esas horas.

El trabajo era muy peligroso. Desde una barcaza metálica tenía que hacer el perfil topográfico del fondo del mar. La maquinaria que se utilizaba hacía un ruido tan espantoso que al principio me hacía vomitar. En contraste con esa hostilidad exterior, la música en el país era bella, aunque repetitiva. Con influencias de foxtrot, calypso y fante, los nativos eran expertos en *highlife*. Comencé a tocar en un club que se llamaba Nido de Águilas, y me sentí negro durante más de un mes. El plan era bailar horas y horas con ese calor infernal. Los movimientos frenéticos de la danza dejaban charcos de sudor en el suelo de la pista. Allí descubrí por primera vez a los Beatles con su increíble «Twist and Shout» que bailábamos de forma desenfrenada.

En el pueblo me habían presentado nada más llegar a las tres españolas que ya residían allí. Eran tres prostitutas que regentaban como *madames* los principales burdeles de la ciudad. Los nombres en neón de Myriam's y Vicky's refulgían en la calle principal.

Solo me sentía a gusto entre los negros y su música, no era capaz de congeniar con los blancos del campamento. Me eché una novia, Marina. Era espectacular, una bailarina con los ojos rasgados y un tipazo impresionante. Todos los americanos estaban locos por ella, y lo único que yo tenía de especial era que tocaba la guitarra. Pero eso bastaba. Por esta habilidad instrumental el gobernador de Buchanan me llamó un día para tocar en su fiesta de cumpleaños. Le llevé unas botellas de Jerez que compré en la tienda del campamento y, como acompañamiento, le puse en un rudimentario inglés que era «Sol de España embotellado». Le hizo tantísima gracia que en ese momento entablamos relación de amistad.

Él era el dueño de la sala de fiestas Lena's Park y me encargó que le formara una orquesta, con un presupuesto de cincuenta mil pesetas al mes. Fui corriendo a Monrovia y desmembré una banda que tocaba en entierros para formar un grupo llamado

The Mad Ones. Me hice muy popular en la provincia y además ahorré dinero.

Yo había llegado a Liberia con un disco de Nat King Cole traducido al español que contenía sus famosos temas «Ansiedad» y «Cachito». Los liberianos hablaban buen inglés pero nulo español, así que tuve que hacer la traducción inversa de las letras para que las pudieran cantar. Poco a poco me iba defendiendo mejor en el idioma.

Se fue mitigando así el impacto extremo que me causó llegar a esa sociedad, y comenzó a desvanecerse mi sensación de que aquel viaje era una equivocación. En el campamento no se usaba dinero real: cuando hacía falta algo, se pagaba con unos cromos en la tienda. Solo los sábados nos dejaban utilizar efectivo, y aquellos enormes obreros americanos se cogían unas borracheras tremendas en las que siempre acababan igual: pegándose. En el reparto, alguna me caía también a mí, y al menos una vez salí volando del bar de un puñetazo.

Este ambiente agresivo y pobre generó una catarsis en mi percepción de la sociedad. Me sacó de la zona de confort burguesa y despertó en mí la inquietud política. Los liberianos vivían en situación de semiesclavitud, explotados por los extranjeros y en condiciones de hambruna y muerte. Estando allí, presencié una escena durísima: una mujer murió ahogada ante mis ojos en la playa. Su pareja hizo lo imposible por salvarla, pero ella pereció de una forma terrible. Verla morir me causó una conmoción tan profunda que escribí una canción titulada «Vino una ola». Fue una de las primeras obras que compuse con letra y música propias, aunque no vio la luz hasta un lustro después.

En el tiempo que estuve en ese país, recibía todas las semanas las cartas de amor más bellas de mi padre y mi madre y cometí el terrible error de destruirlas antes de irme porque no me cabían en la maleta. Tendría cientos y me arrepiento cada día de haberlas quemado. Nunca he sido bueno para guardar o archivar recuerdos.

El gobernador de la provincia de Buchanan me presentó a una ilustrada liberiana llamada Karin Miller, que había estudiado en Estados Unidos y cantaba góspel como una diosa. No tardé en proponerle crear juntos el dúo Karl & Karin, parafraseando a los famosos dibujantes suecos Carl y Karin Larsson. Ensayábamos algunos temas de Gershwin, como «Summertime» y «I Got Rhythm», y de Cole Porter sus afamados «Begin the Beguine» o «I've Got You Under My Skin». Yo era Karl y, para mi gozo, era como si mi guitarra acompañase a Mahalia Jackson.

Karin era cultísima y muy seria, y tuvimos un pequeño incidente cuando falté a uno de los ensayos. La noche anterior a una de nuestras citas se había montado una pelea en la residencia donde nos alojaban a los trabajadores extranjeros y me clavaron una botella de Coca-Cola partida en dos a modo de puñal. Me hicieron un corte terrible y no pude acudir a la hora prevista, lo que le causó un lógico enfado. Con el tiempo logré persuadirla para continuar con nuestro dúo. Me regaló una guitarra eléctrica Gibson.

Tras mi regreso a España, abracé la música de forma casi profesional, pese a que en mis cartas aseguraba a mis padres que abandonaría mis devaneos con la guitarra. Nunca llegué a terminar la carrera de topógrafo —aunque me seguí matriculando durante años— y me centré en componer y materializar las ideas que se habían despertado con esa vivencia tan radical de Liberia donde tuve mi despertar social.

Al poco de llegar a Madrid, otro compañero del Canal de Isabel II, Manolo Díaz Pallarés, me presentó a Fernando Muñoz, teclista del grupo Los Polaris. Estaban buscando un guitarra y vocalista, y me apunté de inmediato. Hice otro buen amigo en el grupo, Ele Juárez, que como yo también terminó de ejecutivo de la industria, primero musical y luego de la televisión, como director general de Sogecable.

Ele cantaba muy bonito, como un italiano, y tocaba el bajo de maravilla. Nos empleamos a fondo en actuar en las salas de música en directo que comenzaron a proliferar en ese momento, propiedad de Jesús Nuño de la Rosa. Nuño había iniciado el negocio montando en los años cincuenta unos guateques clandestinos para que los jóvenes bailaran. En los sesenta tenía la mejor red de clubes y salas de Madrid.

El Imperator, en la calle Fernández de los Ríos, era de alguna manera fundacional para el grupo de discotecas, y para los artistas era como un templo por el que había que pasar. La sala tenía unas enormes dimensiones para la época, lo cual impresionaba al entrar. Destacaban el gran escenario y una amplia pista de baile. La decoración era recargada y de dudoso gusto, primaban los ornamentos dorados. En cierta forma, le tomó el relevo al Circo Price, que había arrancado en 1962 unas sesiones matinales los sábados para que los jóvenes pudieran escuchar la música que les gustaba en directo. El Price fue el caldo de cultivo para el nacimiento del pop y rock en España, pero el régimen apenas le dejó funcionar dos años, justo el tiempo que yo pasé en Liberia.

Así que el Imperator (y también sus hermanos pequeños Imperante, La Tuna, Paraninfo o Studio) se había convertido en el lugar de encuentro con las otras bandas en el incipiente mundo de la industria de la música. Tenían muchísimo éxito de público, porque Nuño inventó el luego tan habitual sistema de cobrar solo a los hombres por entrar, y que las mujeres tuvieran acceso gratuito. En una España reprimida, el poder pasar la tarde en una sala repleta de chicas era todo un aliciente. Actuar allí nos permitía pagar los instrumentos, ponernos a tiro de posibles ojeadores de talentos. Y, además, ligar.

La oportunidad nos llegó a Los Polaris en 1965, cuando nos propusieron una grabación seria con la discográfica española Columbia. El formato fue un *extended play* con canciones como «Texas», o dos de mis primeras composiciones originales grabadas, «Cantando voy» y «Te prefiero a ti». Con ese último tema nos presentamos al Festival Hispanoportugués de Aranda de Duero, un concurso que había ido cogiendo mucha fama en el mundillo. Yo ya me había arrancado a componer y también presenté otra canción, «Cuando la vi», que un jovencísimo Dyango se encargó de interpretar.

La plaza de toros de Aranda estaba repleta de gente. Cuando anunciaron el turno de Los Polaris, el director de la orquesta sinfónica nos dio una entrada falsa con un trombón, haciendo que nos equivocásemos adrede. El tipo dirigía a un grupo de músicos de conservatorio y odiaba a esos melenudos con guitarras eléctricas, así que provocó que hiciéramos un ridículo tremendo. Al terminar yo me puse muy agresivo y le quería pegar, el resto me tuvo que sujetar y casi me lleva la policía al calabozo. Las injusticias me enervan, pero Carlos Guitart, de Los Sónor, decía que tenía la virtud de trasladar esa furia a la guitarra.

Bajo pseudónimo, con el nombre de mi madre, Cruz Martínez, presenté una tercera canción al festival: «No lo puedo explicar», que interpretó (y terminó grabando en un EP para Columbia) una novel Marta Baizán. A sus diecisiete años ya triunfaba entre el público joven, pero el jurado no entendió nada y no le otorgó ni un voto. Baizán hizo películas y era habitual de las portadas de las revistas durante la década de los sesenta, aunque, como dijo algún crítico de la época, «era más conocida su cara que sus canciones». Pese al súbito éxito, desapareció entrados los años setenta. Sin embargo, Dyango y mi otra canción quedaron en segunda posición, y el festival fue un disparadero tanto para su carrera como cantante como para la mía de compositor para terceros. Tuve luego ocasión de trabajar muchas veces con él, que recuerda con cariño la que fue una de sus primeras actuaciones.

El disco que grabé con Los Polaris sonaba bien y tuvo un relativo éxito. Si bien lo que me cambió la vida fue conocer al productor de la discográfica, que se convertiría en mi primer mentor en la industria de la música. Se trataba de Alain Milhaud, un fascinante director de orquesta, judío, de nacionalidad francesa pero nacido en Suiza y enamorado de Catalunya. Se acababa de instalar en Madrid para dirigir la Columbia española procedente del sello EMI-Odeon, y había dejado a toda su familia en Barcelona.

Esto hacía que dedicara veinticuatro horas a trabajar. No necesitaba ni comer, ni dormir ni defecar… Era como un extraterrestre. Durante años fue imposible seguirle el ritmo.

Milhaud —que cuando iba de tiros largos se ponía unos trajes al estilo Mao— era un ser excepcional, visionario, con una extraordinaria capacidad de trabajo y con un nivel de inteligencia que nos dejaba a los mortales en ridículo. Era culto, con pensamiento de izquierdas y mentalidad empresarial de derechas. El tránsito de la música clásica a la popular lo había hecho influido por el cantautor belga Jacques Brel.

Casi desde el principio, vio algo en mí que le recordó al increíble Brel y pronto me arrebató de los brazos de Los Polaris para empezar a trabajar a su lado en una incipiente carrera en solitario. En paralelo, lo ayudaba con composiciones y consejos sobre agrupaciones que empezaban a despuntar. Trabajar con él me parecía mucho más interesante que estar en un conjunto musical.

Pese a su increíble audacia y talento, no todo en él fueron aciertos. Cuando llegó a Madrid estaba claramente despistado. En esos primeros inicios me hablaba de vestir a Europa «de lunares» e hizo un primer experimento con algo que bautizó como flamenco-rock de la mano de una canción que se llamaba «Fardón». Nos complementábamos porque yo no tenía todavía visión empresarial, pero sí sabía de música y fui centrando sus ideas.

La sede de Columbia y sus estudios estaban en Chueca, en la calle Libertad, y allí pasábamos horas hablando, a veces hasta el amanecer, de los proyectos que podríamos hacer juntos, aderezados con datos de su infinita sabiduría. Durante años me cautivó estar a su lado, hasta tal punto que trabajé sin recibir ningún sueldo.

El tren ha partido y lloro con rabia,
por qué he de marcharme,
por qué aquella tierra no sería mía
si la trabajaba de mañana a tarde, de noche y de día.

«El tren ha partido», MANOLO DÍAZ (1968)

La infancia y juventud desideologizada que recuerda Manolo no transcurrieron exactamente como las recuerda. Él siempre unió la inquietud política y social con su creatividad y capacidad de riesgo. Fue contestatario, en casa y en el colegio, pero dentro de un cierto orden. Empujando los límites, las normas y las costumbres familiares, pero nunca presionando demasiado como para romper.

Siendo apenas un quinceañero, protagonizó uno de sus primeros amagos revolucionarios. En las fiestas locales en honor a San Mateo, Manolo había invitado a sus amigos a que subieran a la Casa Blanca —la casa de los abuelos— a ver el desfile del Día de América en Asturias. El edificio da a la calle principal de Oviedo y tiene tres miradores independientes, así que los niños se concentraban en uno para ver marchar a la comitiva que rememora el pasado migrante de la región y que llena de sonidos tropicales y vestidos de colores la rígida calle Uría.

Manolo venía muy politizado de Madrid, donde había sido testigo de las protestas universitarias, y, al ver entre los que desfilaban una banda de soldados estadounidenses, le propuso a su pandilla de amigos que, apenas pasara ante ellos, silbasen y montasen follón. «Sería 1956. Ninguno teníamos ideas políticas ni nada de nada. Éramos de la pequeña burguesía ovetense, hijos de vencedores», recuerda su amigo de la adolescencia Gabriel Álvarez-Santullano, que posteriormente terminó militando en el Partido Comunista. Sin saber muy bien por qué lo hacían, salvo porque se lo había dicho Manolo, los niños silbaron y abuchearon en el momento que bajo la ventana pasaba la susodicha banda. Por supuesto, la bulla no causó ningún efecto, pero fue el germen de una vida salpicada por el inconformismo con el sistema.

Ni Manolo ni su hermano José Ramón eran buenos estudiantes, un hecho que generaba mucha fricción en casa porque sus padres habían esperado para ellos una vida predecible y universitaria.

La familia materna era un matriarcado, con cinco hermanas con un carácter muy fuerte que habían estudiado en la universidad y trabajado antes de la llegada del franquismo. Ellas habían sido la primera generación de universitarias de la familia, poniendo el listón muy alto para los siguientes. La madre de Manolo, Cruz, nacida en 1910, se sacó el carnet de conducir y cuando enviudó, cumplidos los sesenta años, recorría España, para llegar a su Oviedín del alma, en un seiscientos gris que apenas podía subir el puerto de montaña. Fue en muchos sentidos una adelantada a su tiempo.

El temperamento de Manolo era muy similar al de su madre. Ambos podían pasar de la ira más profunda al llanto más emotivo, casi en la misma conversación y, en algunos casos, haciendo chistes por el camino. El padre compensaba con temple aquel vínculo, en el que se usaba con dureza el sarcasmo y la ironía. De alguna forma, con la educación de sus tres hijos Manolo intentó reproducir la disciplina que le inculcaron sus padres y contra la que él mismo luchó tantas veces.

La familia disfrutaba de una relación muy estrecha que Manolo, pese a sus viajes y conciertos, siempre cuidó con mimo.

Su hermano pequeño Luis, siete años menor, recuerda cómo en ocasiones ejercía un rol similar al de un padre, muy atento y cariñoso con él. Los dos compartieron la misma habitación hasta que Manolo se fue a vivir con su primera pareja, Katia, alrededor de 1968, unos cuatro años después de regresar de Liberia. «Cuando saqué la reválida de cuarto me regaló una moto. Era de segunda mano, pero era mi moto. Me convirtió en el que más molaba de la pandilla. Era y es un gran orgullo ser su hermano», presume Luis.

Cuando era joven, Manolo llamaba mucho la atención allá donde iba. Era muy guapo, pero con una belleza atípica para los españoles. Alto, arrubiado, con ojos azules, bronceado color caramelo y una sonrisa perenne que coronaba su conocido sentido del humor. En el club del Canal en Madrid se hizo famoso porque se bañaba a diario en la piscina sin tener en cuenta la temperatura exterior ni, por supuesto, la del agua. Los veranos en el Cantábrico lo habían curtido en el agua fría, y esa habilidad impresionaba mucho a los chicos del Canal.

De las canchas de baloncesto del Canal, Manolo y sus amigos pasaron al ecosistema de las salas de fiestas y los conciertos de verano. El grupo de amigos se amplió en estos locales y encuentros, lo que le permitió hacer muy buenas migas con los miembros de diversas bandas y saltar de un estilo a otro con facilidad. Fue uno de los protagonistas, aún siendo adolescente, del nacimiento del rock y el pop en España. Esa década de los sesenta es conocida como la época dorada de los conjuntos musicales en España.

A Los Sónor, el germen de lo que luego sería Los Bravos, llegó tras haber coincidido con ellos en un concierto en Orgaz (Toledo) para sustituir al guitarra Fernando Sánchez, que se había ennoviado con una jovencísima Karina. Joe González, uno de los miembros más estables del grupo, afirmó tres semanas antes de fallecer que Manolo no era un virtuoso de la guitarra, pero suplía esa carencia con su inteligencia: «Era un tío con un poder de convocatoria increíble, muy atractivo a todos los niveles, se lo rifaba la gente y tenía una inteligencia superior. En todo lo que hacía destacaba. Un triunfador nato».

En 2023, un artículo de *El País* situaba a Los Sónor en una triada de «joyas ocultas» de los dorados años sesenta. Junto con Los Estudiantes, representaron la infraestructura precoz del pop-rock español y fueron inspiración para muchas bandas surgidas en años posteriores. Su desarrollo en un momento en que la radio musical aún estaba naciendo y apenas había televisión les ha restado popularidad en la historia de nuestra música, pero es de justicia reconocer que hicieron cosas similares a lo que hacían The Beatles, solo que todo ocurrió antes de que existieran The Beatles.

Pero es la vivencia de Liberia el catalizador del Manolo maduro, que transforma su papel en esos grupos de música ligera en algo más profundo. África fue un punto de inflexión muy claro en su forma de ver el mundo, lo alejó del canon romántico generalizado en la creación de esa época. Se fue un chico inocente, profano de la dura realidad que terminaría viendo. Regresó a España justo antes de terminar embrutecido por la violencia y la injusticia. Pero la dureza del entorno facilitó el nacimiento de ese compositor que a través de la música canalizaba sus emociones y despertaba conciencias.

José Ramón Pardo, periodista musical y también miembro a principios de los sesenta de una banda de pop, Los Teleko, recuerda que, cuando Manolo regresó de Liberia componiendo, se convirtió en un «raro espécimen» dentro del ecosistema. Se notaba que era uno de los pocos que habían tenido una educación musical reglada que le permitía dar el salto de las versiones que hacían la mayoría de los grupos a crear sus propios temas.

El regreso a España también supuso volver a tocar en las despreocupadas salas de fiestas madrileñas con Los Polaris. Esos bares eran un termómetro que medía el gusto musical del momento, ya que en las casas apenas había televisores y en la radio eran contados los programas que pinchaban música popular. A Los Polaris, como a tantos otros grupos, los contrataban para tocar para diferentes públicos: parejitas, estudiantes, trabajadores... El ambiente de las salas era muy popular y se mezclaban diferentes perfiles. Su compañero en la banda, Fernando Muñoz —que terminaría trabajando con Manolo en los años de CBS en Madrid—, recuerda cómo los locales se abarrotaban los jueves, que era la tarde en la que libraban muchas trabajadoras y también los soldados, con gustos dispares y variados. En una de aquellas sesiones de público apretado, una jovencita creyó que Muñoz la había tocado a propósito —algo que él rechaza de plano— y se giró para darle una bofetada. Fernando estuvo rápido en agacharse y la torta impactó de lleno en la cara de Manolo. Lo que parecía un chiste de una de esas películas en blanco y negro de Charles Chaplin se convirtió en una de las principales bromas del grupo.

La necesidad de ensayar un repertorio variado, no necesariamente de su gusto, para adaptarse a la audiencia de cada momento imprimió en Manolo un amplio registro musical. La versatilidad a la hora de conectar con los diferentes públicos también es un atributo que lo ayudó a brillar en su carrera de ejecutivo. Es un ejercicio de tomar distancia para entender qué quieren los potenciales clientes, y poner eso por encima de los gustos personales. Algo que no todos los ejecutivos de la industria logran hacer.

«Manolo era un auténtico relaciones públicas», recuerda Ele Juárez, otro compañero de Polaris que terminó haciendo carrera en la industria del entretenimiento. Ambos se dieron cuenta pronto de que las bambalinas del mundo de la música eran más interesantes que estar en primera fila dentro de un grupo. Los miembros de aquellas primitivas bandas fueron conformando una plantilla de jóvenes españoles que profesionalizaron una industria musical que aún no existía. Hasta ese momento, los pocos sellos discográficos que había eran extranjeros o se dedicaban a la importación de la música.

La pionera en la industria en España era Discos Columbia, que había nacido en 1923 en San Sebastián para la fabricación física de los vinilos, pero que terminó funcionando como un sello musical al licenciar derechos de la discográfica internacional casi homónima, Columbia Broadcasting Systems (CBS). Columbia fue el sello que lanzó el primer vinilo de Los Polaris. Hispavox nació en 1953 y también se convirtió en un jugador muy importante en la música española hasta su integración en 1985 en EMI. En la misma época de inicio de los cincuenta se fundó Belter, más discreta y especializada en folclore.

Otro sello clave en la época fue Discos Zafiro, del empresario Esteban García Morencos, que a través de su filial Novola llevó a Massiel a triunfar en Eurovisión con su «La, la, la» y que más tarde se asociaría con la Cadena SER para crear Discos Acción.

A finales de los sesenta, el argentino Adolfo Waitzman fundó Sonoplay, con la financiación de los Estudios Moro, y se alió con Alain Milhaud. Sonoplay se acabó integrando en el grupo Movierecord. Finalmente, Milhaud fundó la Compañía Fonográfica Española, Fonomusic, y por ella desfilaron artistas de carácter alternativo, desde Luis Eduardo Aute hasta Triana. En 2002, se integró en el catálogo de Warner.

Estos pequeños sellos, junto con algunas filiales extranjeras, como RCA, abrieron el camino a la música en vinilo en España hasta que la irrupción, en los años setenta, de las grandes multinacionales, liderada por CBS, cambió totalmente el mercado. El proceso de consolidación que empezó a mediados de los ochenta fue imparable y hoy en día tan solo tres grandes casas de discos (Sony, Universal y Warner) copan el mercado nacional e internacional.

Con la experiencia de Los Polaris y tras conocer a Milhaud, Manolo se asomó a ese mundo aún en construcción que lo cautivaría y en el que terminaría desarrollando su carrera.

3

La moto

Llegar, mirar y regresar.

Los Bravos (Manolo Díaz [1967])

Me quedo entre pasmado y divertido cuando el cantante al que he ido a ver actuar en directo, un tal Mike Kogel, grita: «¡Buenas noches, Madrid!» y, para redondear el saludo, se pone el micrófono en el culo y se tira un pedo con eco. Al público de la sala parece divertirle bastante y, sin duda, se lo perdonan por la magnífica voz con la que acompaña su ventosidad.

Al acabar, Tony Martínez y Manolo Fernández, amigos y últimos miembros integrantes de Los Sónor, me preguntan qué opino. Se han unido a este tipo durante la campaña de verano en Mallorca y sopesan montar con él una nueva banda, pero sus excentricidades los tienen hartos y no saben si el esfuerzo que conlleva aguantarlo merece la pena.

Mi reacción inmediata es aconsejarles que se aguanten, porque han encontrado una mina de oro. Me dicen que es cleptómano, coprófago, hipocondríaco y hedonista, pero ni por esas cambio de opinión. Les propongo invitar a Alain Milhaud, el productor discográfico de Columbia con el que acabo de empezar a colaborar, a la siguiente actuación para que les dé su opinión desde el punto de vista comercial.

La siguiente cita, en octubre de 1965, fue en Nicca's, un club de moda con música en directo que el director de cine estadounidense Nicholas Ray —autor, entre otras películas, de *Rebelde sin causa*— había abierto en la confluencia de la calle Cartagena y la avenida de América. Milhaud llegó con la actuación ya bien empezada tras confundirse de bar, pero no necesitó mucho tiempo para ver lo mismo que había visto yo: ese chico era oro puro.

Al terminar fuimos a saludarlos al camerino y Mike, de origen alemán, le dijo a Milhaud, suizo de nacimiento, que no hablaba español. Este, que era un auténtico políglota, cambió de manera automática al idioma del cantante, algo que relajó mucho a aquella alma desbocada que no encontraba su lugar en el mundo.

El suizo vio claro el fichaje. Llevaba semanas buscando un conjunto que plantara cara a Los Brincos, el grupo de moda en ese momento. Empezó a planear de inmediato un lanzamiento, en lo que creo que pudo ser uno de los primeros planes de marketing a gran escala de la industria musical española, y me encomendó trabajar en un repertorio de ocho canciones para ellos. Aunque el sonido era fantástico, ninguno de los componentes se prodigaba en la composición. Mi criterio fue ir a un ritmo más soul. Le iba muy bien al tono de Mike.

Para el lanzamiento contamos con la indispensable colaboración de Tomás Martín Blanco, el emblemático presentador del programa de radio *El gran musical*, un show que inspiró lo que terminarían siendo *Los 40 principales*. Estaba en su momento cumbre. Sus decisiones musicales apuntalaron los gustos de toda una generación de españoles. Siempre tuvimos muy buen entendimiento y ya me había invitado varias veces al programa con mis grupos anteriores. Estoy convencido de que su objetivo era convertirse en una especie de líder de la juventud y, aunque nunca me lo explicitó, creo que se habría lanzado a desarrollar una carrera en política si el régimen se hubiera democratizado.

Le mostramos a Tomás el poderío de aquel grupo que por el momento se había bautizado como Los Nuevos Sónor. Eran una fusión de los restos de la banda con otros miembros sueltos de Mike and The Runaways, un conjunto mallorquín también en descomposición. Su destino se había unido durante el verano de 1965 en la discoteca Haima de Mallorca, que era donde tocaban quienes hacían la temporada turística en la isla balear.

El asunto del nombre era un problema, pero también una oportunidad. De la mano de Martín Blanco pergeñamos la idea de involucrar a los oyentes en un concurso popular para elegirlo y lograr así un golpe de efecto en el lanzamiento. Les compuse la canción «No sé mi nombre» y, junto con otros temas que eran adaptaciones y que ellos ya tenían ensayados, grabamos una maqueta. El único objetivo del sencillo era ser reproducido en un programa piloto para pedir apoyo y tomar el pulso al público. *El gran musical* tenía un club de seguidores a los que llamaban «los musicales» y, en enero de 1966, su presentador les encomendó la difícil misión de bautizar a aquellos muchachos que comenzaban en la música. Desde que pinchó esas primeras y primitivas canciones, miles de seguidores se engancharon al curioso proceso.

Ya cuando formaba parte del grupo había odiado el nombre de Los Sónor, porque no eran pocas las ocasiones en las que casi nos habían presentado como Los Sordos. Pero tenía claro que lo que funciona a gran escala es una palabra bisílaba y fácil de corear (la experiencia del «Fran-co, Fran-co» lo demostraba). Hacía tiempo que rondaba en mi cabeza Los Bravos. En su acepción italiana, se usa globalmente para celebrar las buenas actuaciones musicales. También es una característica que los extranjeros relacionan con España: la osadía. Además, tenía conocimiento de que en Estados Unidos existía un equipo histórico de béisbol con ese nombre, así que no resultaría nada chocante. Les compartí a Milhaud y Martín Blanco mis razones para dar a conocer al grupo como Los Bravos y lo vieron tan claro como yo. Así que le pedí a una amiga actriz que enviara una cartita postulando el nombre de Los Bravos al concurso de la Cadena SER.

Llegaron miles de cartas al programa. Fue un éxito rotundo

de participación. Leímos muchas, por si encontrábamos una alternativa mejor, pero la idea de Los Bravos ya se había asentado en nuestro plan. No fue una ocurrencia especialmente ética, pero cumplió la función de calentar motores y crear expectación entre la audiencia.

El 13 de febrero de 1966, Tomás Martín Blanco anunció el nuevo nombre. Causó furor entre los oyentes y el fenómeno musical comenzó a rodar, ya imparable. El siguiente paso fue que el público los conociera en directo. Gracias a los contactos de los dueños de la discográfica Columbia, la familia Inurrieta, el primer concierto con público de Los Bravos tuvo lugar en el Teatro de la Zarzuela el 13 de marzo. La maquinaria de Milhaud era imparable.

Tocaron veinte canciones, algunas adaptaciones de temas ampliamente conocidos, como «Sweet Sixteen» o «Day Tripper» y otras que yo había compuesto para ellos, como ese «No sé mi nombre», «La parada del autobús» o «Una flor corté». El teatro casi se vino abajo con la potencia del sonido de la banda. La fuerza vocal de Mike era muy importante, pero también el hecho de que el resto de los miembros acompañaran con muy buenas segundas voces y que se desenvolvieran tocando en el escenario con garra y precisión acústica.

Le pedimos a Carlos Guitart, precisamente el ex-Sónor que me llevó a pertenecer al grupo en los inicios, que se uniera al equipo de promoción de Columbia para trabajar en el lanzamiento de Los Bravos. Guitart tenía buenas dotes para la comunicación y era muy capaz, hubiera hecho buena carrera en la industria si un accidente de coche no hubiera segado su vida prematuramente. Presentamos un primer sencillo con una cara A versionando a Tom Jones y una cara B con «No sé mi nombre». La canción había nacido con un objetivo muy instrumental, conseguir atraer participación al concurso. Pero, una vez que tenía el título, compuse una letra para explicar la incomprensión y la soledad de la juventud. Ser joven en aquella época no era nada fácil: era una sociedad muy autoritaria y resultaba sencillo sentirse aislado y perdido. Eso fue lo que quise reflejar. Había cogido el tranquillo a componer así: primero encontraba un nombre o una temática, luego una letra muy trabajada, con mensaje, y al final le añadía la música.

Ante el éxito de ventas, nos pusimos manos a la obra para producir a toda mecha un *extended play* que grabamos en los estudios de la calle Libertad y que a las pocas semanas pondría en circulación cuatro de mis canciones. Repetiríamos de nuevo «No sé mi nombre», pero esta vez acompañada por «Una flor corté», «Quiero gritar» y «Recopilación».

Durante esas grabaciones Mike y yo libramos una lucha cuerpo a cuerpo, porque él había decidido que no quería cantar en español. Le hacía la transcripción fonética de mis letras, pero las despachaba deliberadamente mal y se intentaba escaquear lo máximo posible. En 2024, lo llamé por teléfono cuando me enteré de que estaba en una residencia en Vitoria, en un estado precario de salud, y me dijo que se arrepentía mucho de aquel comportamiento que había tenido durante esos años. Y que su canción favorita siempre fue la primera, «No sé mi nombre».

Esa negativa de Mike con respecto al idioma era el menor de los problemas que tendríamos con él. Era imprevisible, no aparecía a tiempo en los conciertos o en las grabaciones y sus devaneos con las drogas agudizaban sus estados de hipocondría. Sin embargo, las canciones salían y ya teníamos un producto con el que seguir alimentando los deseos del público. Era un éxito total de ventas y pinchazos en la radio en España.

Milhaud les hizo firmar un contrato draconiano. Básicamente, Los Bravos eran suyos. Además, el experimento sinérgico del lanzamiento con la Cadena SER marcó un antes y un después en la industria musical del país. A la emisora le sirvió para medir su poder de convocatoria y su pegada en el gran público; a la incipiente industria discográfica local le valió para constatar el inmenso poder de la radiodifusión a la hora de generar éxitos. Este segundo factor condenó a las discográficas a tener que llegar a acuerdos más o menos ventajosos con las cadenas de radio para promocionar sus canciones. Durante décadas fue una relación con un componente de servidumbre.

Si por algo destacaba Milhaud era por la clarividencia con la que vio que tenía entre manos un producto internacional. Por eso, nada más finalizar esta primera etapa casi embrionaria del debut en España, empezó a esbozar el salto al extranjero. Para triunfar en Europa, era preciso que los pincharan en la emisora pirata Radio Caroline. La emisora tenía su sede en un barco fondeado en aguas internacionales próximas al canal de la Mancha, y desde ahí esquivaba cualquier tipo de censura para programar con libertad lo que luego causaba furor entre los jóvenes en las pistas de baile. Convertía en oro lo que tocaba. Durante años este modelo de radio pirata fue una fórmula magistral para conectar con nuevas músicas, hasta que la prohibieron y la BBC aprovechó para crear un canal replicando su programación, con igual éxito, pero, ahora sí, legal.

En el año 1966 Milhaud tenía suficiente experiencia como para saber que el destino de Los Bravos estaba ligado a su aparición en Radio Caroline. Augusto Algueró, dueño de la editora Canciones del Mundo que gestionaba los derechos de los cantantes de Columbia en España, logró entrar en contacto con Phil Solomon, que se había hecho con el control de la emisora pirata. Solomon distribuía el sello Decca, del que Columbia también era socia. Algueró y Milhaud se presentaron en la oficina de Solomon en Londres con un acetato, una maqueta grabada para ser escuchada solo un par de veces antes de quedar inutilizada.*

Aunque no asistí a la reunión, hice una importante contribución para que llegara a buen puerto. Milhaud me había pedido que cediera parte de mis derechos de autor a la compañía, de forma que tuvieran más incentivos en apostar por el nuevo conjunto y emplearse a fondo en la promoción. Yo estaba muy poco ata-

* Salvador Domínguez, *Bienvenido Mr. Rock*, Madrid, Fundación SGAE, 2002.

do a lo crematístico, y el suizo me convenció rápido de que, cuantos más discos vendieran Los Bravos, más dinero ganaríamos todos. Ahora bien, para eso había que garantizar un lanzamiento espectacular. Milhaud era muy audaz, pero también usaba con alegría los recursos ajenos para lograr sus objetivos. De ese lanzamiento aprendí que en el mundo de la canción no basta con ser bueno, resulta imperativo además tener una buena promoción. Si no te conocen, no te van a comprar, y el suizo me enseñó que ese primer golpe en la salida al mercado era la rampa al éxito.

Puse a disposición de los negociadores el 50 por ciento de los derechos de autor que me correspondían. Eso suponía que mi composición salía prácticamente gratis, porque Milhaud y la editora de Algueró —Canciones del Mundo— ya me habían firmado un contrato leonino por el que yo solo me quedaba con la mitad de las regalías de lo que producía. Es decir, al final apenas obtuve una cuarta parte de lo que facturó la reproducción de mis canciones.

Pero para mí lo más importante era alcanzar la celebridad. Había regresado de Liberia con unas trescientas mil pesetas ahorradas, y mi objetivo primordial era que Los Bravos (y con ellos mis composiciones) llegasen a superventas. Fue una actitud que no cambió mucho con los años: lo más importante durante mi trayectoria en la música ha sido perseguir el éxito, para que, tarde o temprano, venga el dinero. Eso no quita el hecho de que los ejecutivos de esa incipiente industria española se aprovecharan de que a la mayoría de los músicos no se nos ocurría negociar las cantidades económicas. Solo queríamos que sonara nuestra canción.

Algueró y Milhaud no salieron muy convencidos de haber logrado persuadir a Solomon. Sin embargo, apenas unos días después de la reunión llegó un correo a las oficinas de Madrid ofreciendo a Los Bravos grabar para Decca en los estudios de Londres. Eso sí, Columbia debía pagar el coste íntegro de la grabación. El prestigioso músico británico Ivor Raymonde desembarcó al poco en Madrid para preparar el proyecto. Entre sus funciones estaban elegir repertorio, mejorar los arreglos y adaptar mis canciones al inglés. Ahí me llevé una gran decepción, porque sería un buen arreglista, pero hizo un desastre con la traducción de las letras. El resultado, simple e intrascendente, me pareció vomitivo. Yo ponía mucho cuidado en los textos y cuando vi lo que se iba a cantar en inglés me llevé un disgusto terrible. Con los británicos tomando las riendas no había margen para discutir.

A finales de marzo de 1966, aterrizamos en Londres el equipo al completo para convertir a Los Bravos en la primera banda española en grabar en la meca de la música pop e iniciar, con ello, una leyenda que los medios de comunicación nacionales reflejaban a diario. Los estudios británicos estaban lejos de resultar acogedores: las normas del sindicato de músicos impedían que grabaran extranjeros. Así que grabar, lo que se dice grabar, solo grabó Mike, con algunas segundas voces de Tony y coros de Miguel, Manolo y Pablo. Durante aquellas semanas se siguieron buscando temas para el repertorio. En las oficinas de la discográfica se acumulaban casetes con maquetas enviadas por autores que esperaban, como nosotros, su momento de gloria. Entre las muchas que se escucharon una nos llamó la atención a Milhaud y a mí. Se trataba de «Black is Black», escrita por tres músicos británicos y que, al unísono, identificamos como un *hit*. Enseguida, Raymonde se aplicó con los arreglos. El primer superventas español de la historia estaba listo para salir.

La calidad técnica de la grabación londinense era indiscutible. En aquel viaje Los Bravos hicieron acopio de un extenso repertorio que luego se fue presentando durante los meses siguientes, a cuentagotas, de nuevo como parte de una maquinaria perfectamente engrasada. Mientras la empresa inglesa diseñaba el lanzamiento en Reino Unido, nosotros regresamos a España para culminar la promoción local. El punto álgido del proyecto lo marcó un festival organizado por El Corte Inglés, muy preocupado, como siempre, por ganarse al público joven. Bajo el título de Ídolos reunió en mayo de 1966 en el Palacio de los Deportes de Madrid a cinco grupos elegidos por alrededor de 18.000 jóvenes que habían votado y que luego se convertirían en el público del evento.*

Los Bravos salieron a escena antes de Los Brincos, que en ese momento era el grupo indiscutible de moda, y se los comieron. Cuando Mike y el resto abandonaron el escenario, el respetable solo quería más y más de aquello que les habían dado. Se tuvieron que conformar con un cierre que supo a poco. Aquella noche quedó fijado su camino al liderazgo en la música española.

Para el mes de junio, Decca ya tenía el lanzamiento preparado en Londres. Radio Caroline comenzó a pinchar furiosamente «Black is Black» desde su guarida oceánica, mientras que la discográfica se afanaba en una intensa campaña de promoción. A la palanca de la radio la acompañaron conciertos en directo en salas significativas de Reino Unido, entrevistas y apariciones en la televisión, incluida la BBC. El esfuerzo no tardó en dar frutos, porque el público recibió con un increíble entusiasmo la canción, que empezó a subir y subir en las listas de ventas. En la cara B de aquel primer sencillo sonaba mi obra «I Want a Name», la traducción al inglés de «No sé mi nombre».

«Black is Black» llegó más tarde a España, pero la leyenda de la banda en el exterior impulsaba igualmente las ventas de sus vinilos anteriores. En septiembre, el sello asociado con Decca en Estados Unidos comenzó también su distribución. Y ocurrió lo impensable para un grupo español: una canción llegó al número tres de las listas de *Billboard*. Los medios españoles celebraban casi a diario la gesta, y la *bravomanía* se desató en países de medio mundo.

A punto de terminar 1966, fui con mi amigo Fernando Saénz de Santamaría a Nueva York en pleno boom de la canción de Los Bravos. Allí la escuchábamos sin cesar en salas y clubes, al mismo tiempo que «Good Vibrations» de The Beach Boys, que se terminó convirtiendo en mi canción favorita de todas las épocas.

* Guzmán Alonso Moreno, *Los Bravos, recuerdos de una leyenda*, Madrid, Agrupación Hispana de Escritores, 2015.

Cuando entrábamos en un bar o un restaurante, yo buscaba la famosa Juke-Box (esa máquina que reproduce música a demanda) y metía un dólar para que sonara la cara B de «Black is Black», mi «I Want a Name». Aunque había cedido gran parte de los derechos, me encantaba oír su melodía en los mejores garitos de Nueva York. La cara B producía los mismos derechos fonomecánicos que «Black is Black», así que aquella difusión también me benefició.

Terminaba así ese año, en el que había iniciado una actividad frenética, a rebufo de un Milhaud incombustible. Pude combinar la composición de canciones para terceros con empezar a esbozar mi propio repertorio para ese álbum en solitario que estaba en los planes del ejecutivo que yo grabase algún día.

En paralelo al éxito de Los Bravos, durante el verano, había presentado al Festival de Mallorca la canción «Rufo el pescador», que con mucha solvencia defendió Massiel, al igual que el solista Manolo Pelayo. Con ella ganamos el premio de la crítica. De forma algo inconsciente yo me había ido ideologizando, dejándome permear por el pensamiento de izquierdas de Milhaud. Colaborar con él fue el caldo de cultivo ideal para hacer crecer ese sentimiento de injusticia que había despertado en la época de Liberia y dotar de más profundidad mis composiciones. La música de las canciones que creaba podía sonar más o menos pop, dependiendo de si era para Los Bravos, para terceros o para mí, pero en todas hacía una crítica social de algo que no funcionaba bien. En ese «Rufo el pescador» hice un alegato en contra del turismo masivo denunciando que ya se habían perdido muchas tradiciones en favor de esa exaltación constante de las fiestas y las celebraciones. Los hoteleros de Mallorca —que patrocinaban el festival— no se lo tomaron nada bien y pusieron problemas en el ensayo de Massiel. No contaban con la furia del padre de la artista, Emilio Santamaría, que montó en cólera y consiguió que su hija tuviera la atención que se merecía.

«Rufo el Pescador» fue el pistoletazo de salida para mis canciones «no comerciales» y para el abandono de la música intrascendente. Me encontraba muy motivado en la composición para terceros y fueron muchos los músicos que se me acercaron a partir de ese año con idea de que les montara un repertorio, hasta el punto de que el *Diario Pueblo* me nombró compositor del año.* Incluso un grupo de amigos, con el también ex-Sónor Joe González, que no se había unido a la aventura de Los Bravos, me pidieron ayuda para construir un repertorio y lanzar una banda que bautizaron como Los Pasos. Tenían mucha fuerza en las armonías vocales, flirteaban con la psicodelia y eran un grupo muy diferente a lo que había en España. Me gustaban mucho. En nuestra búsqueda de un conjunto alternativo a Los Brincos se los presenté a Milhaud, pero no hubo *feeling*. Cuando vieron el contrato que el suizo les quería hacer firmar cortaron definitivamente la relación. Milhaud estaba demasiado entregado en ese momento al fenómeno de Los Bravos como para hacer hueco y caso a estos madrileños, así que me dejó actuar con ellos a mi libre albedrío. Yo les preparé unas cuantas canciones para que se dieran a conocer, entre ellas una claramente destinada a convertirse en su puesta de largo en el mercado: «La moto».

«La moto» era mi versión del cuento de la lechera, adaptada a la juventud española del momento. Me imaginé a ese joven que fantasea con la idea de que tener una moto le iba a cambiar la vida para, al final, darse cuenta de que no tiene ni una peseta para poder comprarla. Los Pasos grabaron el álbum con Hispavox, una discográfica local, y se dispusieron a salir con el sencillo automovilístico. Como Milhaud era mi editor, yo le enseñaba todo lo que hacía, y le mostré una maqueta con el tema. Alain me miró asombrado, me dijo que esa canción era un *hit* y que tenía que ser para Los Bravos. Se empleó a fondo para convencerme de que era imprescindible bloquear la salida de la canción de Los Pasos. Aquella moto aún aparcada tenía demasiados dueños.

* José Ramón Pardo, *Historia del pop español*, Madrid, Rama Lama Music, 2005.

Mi vida estaba completamente ligada a Milhaud y me debía a él. Con mucho cargo de conciencia, terminé cediendo. Hispavox recibió una carta de la Sociedad General de Autores (actual SGAE) en la que se notificaba que «La moto» no se podía publicar hasta que yo diera mi autorización o hasta que otra grabación liberara los derechos. La carta cayó como un mazazo en Los Pasos, que, sin embargo, supieron perdonarme y siguieron no solo siendo mis amigos, sino cantando muchas de mis canciones a lo largo de su carrera. Pese a que fui un traidor, ellos fueron muy comprensivos con la maniobra política que me vi forzado a hacer.

Los Bravos lanzaron su «Moto» en diciembre de 1966, con su característico sonido beat y muchos arreglos, como aquel rugido de motor. Inmediatamente, Los Pasos, que ya tenían la grabación preparada, salieron con el mismo tema, pero en su estilo más vocal y armonioso. Las dos versiones convivieron en las listas de ventas, pero la *bravomanía* fue la que consiguió cosechar por más semanas el número uno. El espaldarazo definitivo se lo dio la primera actuación en TVE para cerrar el año, en el programa especial *Feliz 1967*. «La moto» corrió como nunca aquella Nochevieja. Durante cuatro meses fue el sencillo más vendido en España.

El incidente con aquella canción opacó un poco la buena factura que tuvieron los otros temas de mi repertorio que interpretaron Los Pasos.

A cambio, ellos fueron los primeros en grabar «Ayer tuve un sueño», que compuse tras escuchar el discurso de Martin Luther King en Washington. La estancia en Liberia me había hecho muy sensible a los derechos de la población negra. El discurso del reverendo, así como el evento que logró reunir a la progresía estadounidense y lo más granado de los cantautores del país, me provocó un gran impacto. Mahalia Jackson —por la que yo sentía una profunda admiración—, Joan Baez o Bob Dylan con su «Blowing in the Wind» me tocaron una fibra sensible que me tuvo noches sin dormir componiendo la canción.

Mi letra es más liviana que el discurso del líder estadouni-

Por fin Milhaud creyó encontrar el momento adecuado para lanzar mi carrera y, poco a poco, en 1967 me fui alejando de Los Bravos. En ocasiones mediaba en sus disputas internas, pero ya no viajaba con ellos en todas las giras. Mike seguía dando mucha guerra, en especial en las salidas al extranjero. En un viaje a Londres, nuestro vuelo sufrió un retraso de varias horas. Mike llevaba puesto un aparatoso abrigo de pieles con el que parecía una carroza luminosa de paseo por la terminal del aeropuerto. La espera hizo aflorar su hipocondría y en un momento determinado me dijo que le estaba dando un ataque al corazón y que lo llevara al médico. El personal de tierra nos condujo a la enfermería, donde una sanitaria le preguntó por sus síntomas. Él se bajó la bragueta, le enseñó el aparato y le dijo que tenía una enfermedad de transmisión sexual. Creo que yo no había pasado más vergüenza en mi vida. La enfermera vio claro en ese momento que éramos un grupo de chiflados y le dio una *pastillina* blanca con agua, para que se marchara contento y la aeronave pudiera despegar.

La hipocondría de Mike generó otra situación con un recuerdo mucho más triste. En la primavera de 1968, el teclista Manolo Fernández y su mujer, entonces embarazada, tuvieron un accidente automovilístico al volver de la boda de Miguel Vicens, el bajista, en Mallorca. Él iba conduciendo el coche descapotable y resultó ileso, pero ella falleció. Se volvió literalmente loco de tristeza y culpa. El mismo día del entierro trató de suicidarse cortándose las venas, un intento fallido que nos alarmó sobremanera y lo puso en observación y tratamiento.

Unas semanas después, durante un concierto en Valencia, Mike protagonizó otra de esas escenas en las que aseguraba que le daba un ataque al corazón. Lo acompañé al médico, pero en esta ocasión Manolo Fernández pidió venir también con nosotros. Nos atendió un cardiólogo, que auscultó a Mike mientras Manolo le iba haciendo unas preguntas que nunca olvidaré: «¿Dónde está exactamente el corazón?, ¿entre qué costilla y costilla se puede localizar?». El facultativo, entretenido con esta singular visita, le detalló con precisión cirujana el lugar en el que se ubicaba. Apenas unos días más tarde, Manolo se encerró en su habitación y, rodeado de fotos de su mujer, se descerrajó un tiro con una escopeta en ese lugar exacto que el cardiólogo de Valencia le había mostrado. Aquel fallecimiento fue totalmente devastador, y aceleró la cuesta abajo del grupo que, de alguna forma, ya había entrado en un suave declive.

A partir de ahí, el suizo tomó una serie de decisiones equivocadas que lastraron la ya tocada trayectoria del grupo. Montó una operación publicitaria de mal gusto para encontrar al nuevo integrante de Los Bravos, el que sustituiría al recién fallecido Manolo Fernández, y lo presentó en un concierto oculto bajo una capucha. Organizó una especie de concurso para ver quién adivinaba su nombre, intentando emular de alguna forma el lanzamiento que tan buenos réditos había cosechado apenas tres años antes. La operación fue muy mal recibida por la prensa, y la banda comenzó a incurrir en todo tipo de desatinos, perdiendo el favor de los medios. Finalmente, Los Bravos se separaron y, en un intento a la desesperada, Milhaud intentó promover la carrera de Mike en solitario, rebautizándolo como Kennedy.

Pude extraer una enseñanza muy importante de esta increíble aventura: se puede crear un ídolo de forma artificial, pero resulta muy difícil mantenerlo en la cima. El éxito puede llegar, en algunas ocasiones incluso de forma fortuita, pero, sin una estrategia para conservar los triunfos en el tiempo, estos se van con la misma celeridad con la que llegaron.

Aun así, tuvo mucho mérito lo que hicimos. De alguna forma, Los Bravos fueron al rock y pop español lo que The Rolling Stones al inglés. Con su genuina personalidad, Mike fue un sacrílego en aquella España de la dictadura. A él le agradezco haber berreado mis canciones como un dios exótico, haciendo que se agrietasen los Pirineos.

Pero la motocicleta
cómo la voy a comprar,
si no tengo una peseta
y no sé cómo ahorrar.

«La moto»,
MANOLO DÍAZ (1966)

La España de mediados de los sesenta está en total ebullición. El aperturismo de años anteriores permite consumir nuevas músicas, desde el pop hasta el rock, pero también exportar el producto español. En cierta forma, Los Bravos son el resultado del eclecticismo que se daba en Mallorca, donde las nuevas tendencias que se estaban formando en el extranjero encontraban su puerta de entrada a España. Pero el referéndum de 1966 deja claro que el dictador sigue tratando al pueblo de forma infantil y grotesca.

Pese a las restricciones del régimen franquista, las mujeres comienzan a dar tímidas señales de liberación, canalizadas en la icónica minifalda. «La primera vez que vi una en la Gran Vía se me cortó la respiración», recuerda Manolo, que se sorprende de que algo tan banal pudiera ser tan rupturista. La música forma parte del cambio, aunque, como en otras épocas, se mezclan corrientes de diversa calidad. Manolo considera que Marisol y Concha

Velasco con su famosa «Chica yeyé» no eran fenómenos musicales sino artísticos desarrollados por personajes polifacéticos.

La *bravomanía* anticipó alguno de los mayores atributos que luego tendría Manolo como ejecutivo de la industria musical: descubrir talentos y ser capaz de llevar la música española a mercados no hispanos. «Podríamos decir que ahí comenzó su trabajo en la internacionalización de grupos. Fue un pionero y esa labor duró décadas», apuntala el periodista musical Jesús Ordovás.

Trabajar con Los Bravos puso a prueba la mano izquierda y el temple de Manolo, otros rasgos de su carácter con los que sería conocido dentro de la industria musical. Los Bravos eran un material de alto voltaje que se incendiaba con facilidad. Aunque el grupo tenía muchos atributos para el éxito, sobre todo por esa carismática voz de Mike y el buen desempeño en el escenario del resto de los músicos, su fulgurante ascenso y caída demostraron que el talento no es suficiente para conseguir triunfar.

La constancia y la capacidad de trabajo son elementos indispensables para una carrera duradera en el mundo de la música. Mike tenía problemas para cumplir los compromisos. Paco de la Fuente, encargado de las relaciones con la prensa de los grupos de Milhaud durante varios años, los recuerda como un grupo conflictivo y poco confiable. «Cuando grabaron la segunda película, *Dame un poco de amor*, Milhaud se tuvo que llevar a Mike a su casa, a que viviese con su familia. Era la única manera de garantizar que estaría a la hora acordada y en buenas condiciones para las grabaciones», dice.

Manolo también explotó su perfil *marketiniano* con la estrategia de replicar, a la española, el modelo de rivalidad entre The Beatles y The Rolling Stones. Los Bravos surgieron en su búsqueda de crear una alternativa rockera a los exitosos Brincos y, de alguna forma, crearon la base para replicar un fenómeno de éxito. Los Bravos fueron un hallazgo, pero también un encuentro dentro de un plan ya trazado: el de crear un fenómeno que rivalizara con un estilo de grupo más pop y repeinado, más «pijo».

En la propulsión de este triunfo fue clave el papel de Tomás Martín Blanco, el locutor radiofónico inventor de *Los 40 principales*. Martín Blanco dio forma a la radio moderna y se convirtió en uno de los principales apoyos de Manolo hasta la década de los ochenta, por lo que lo considera uno de sus mentores. Falleció en 2009, y en la necrológica publicada en *El País* firmada por su colega y amigo Iñaki Gabilondo se desgranan algunas de sus principales características.

«Tenía cartografiada la sociedad por vía epidérmica y adivinaba las reacciones de los públicos antes y mejor que nadie», glosaba Gabilondo al recordar su innata capacidad para intuir los gustos de los oyentes. «Mucho antes de que naciera el estudio general de medios (EGM), las audiencias le resultaban transparentes».

Pese a que fue el alma y corazón de la Cadena SER durante décadas, las luchas de poder dentro de la empresa lo llevaron a acabar sus días en Onda Cero.

En esa búsqueda de un grupo alternativo, los primeros que estuvieron bajo el radar de Manolo fueron los miembros de lo que terminaría siendo Los Pasos, que también tenían a un ex-Sónor como integrante, en este caso Joe González. Pero no se entendieron con Milhaud, un personaje complejo, con claroscuros y escasas habilidades en el universo de la inteligencia emocional. «Aunque fuera correcto y educado, era difícil entenderse con él y acabó teniendo movidas con muchos de sus grupos», recuerda Joaquín Torres, uno de los miembros destacados de Los Pasos y uno de los principales productores de música de España. Aunque Los Pasos escaparon de su férrea gestión al firmar con Hispavox, se vieron afectados por la decisión del suizo de que «La moto» fuera primero para Los Bravos.

Con el tiempo, Los Pasos vieron positivo aquel contratiempo, porque quedarse sin su sencillo de lanzamiento, y momentáneamente sin Manolo como compositor, los obligó a crear ellos mismos sus canciones. Ese empujón les vino muy bien y los diferenció de la mayoría de los conjuntos de la época. Componer suponía mejorar el perfil de ingresos y aumentar en autonomía. De hecho, uno de los problemas de Los Bravos fue que nunca firmaron ni una sola canción y cuando dejaron de actuar se quedaron sin ingresos.

Con trabajo y simpatía, Manolo consiguió reestablecer relaciones con Los Pasos, que disfrutaron de algunos de sus mayores éxitos tocando sus temas. Torres destaca «Ojo por ojo», una propuesta de factura muy compleja, que los hizo entrar de lleno en la psicodelia y que casi vuelve loco al productor Rafael Trabucchelli, responsable de los arreglos. El experto musical Luis Picabia destaca cómo Los Pasos fue uno de los escasísimos grupos españoles que tuvo el privilegio de ser pinchado en el programa de Ángel Álvarez *Vuelo 605*, auténtico prescriptor musical de toda una generación, y que los consideró de una calidad musical muy superior a la del resto de las bandas locales.

Este trabajo con los grupos transcurrió paralelo al despertar de Manolo como compositor de la incipiente canción social. Los primeros temas que compuso para solistas en aquella época no tuvieron reflejo en otros autores, ya que aún no se había iniciado la canción protesta como tal. Luis Eduardo Aute estaba echando a andar en ese mismo momento y en el despertar de este tipo de música con mensaje se comparaban muy a menudo sus trabajos con los de Manolo. Massiel se tuvo que decidir por uno de los dos para su primera actuación en el Festival de Mallorca. Finalmente se decantó por «Rufo el pescador», pero su siguiente gran éxito sería «Rosas en el mar», compuesta por Aute. En 1967, Aute compondría su *hit* más internacional, «Aleluya n.° 1», que también popularizó Massiel. Pero su trayectoria, como la de Manolo, tendría altibajos en sus inicios y no fue hasta años más tarde cuando se dedicó de forma más profesional al mundo de la música.

Pese a que creaba grandes éxitos, la forma en la que Milhaud y la editorial de Algueró gestionaban sus derechos de autor hizo que Manolo tuviera muy pocos ingresos por la composición. Cuando empezó a componer en serio, la SGAE obligaba a pasar un examen para registrarse como miembro. En un primer momento solo pudo estar registrado como letrista, así que se tuvo que asociar con un músico de carrera, Juan Martínez Mestres, para poder registrar muchas de sus obras, como la propia «Moto». La SGAE terminó eliminando aquellos exámenes.

De la obra «Los chicos con las chicas», Augusto Algueró aparece en la SGAE como coautor sin haber sido partícipe. Este tipo de abusos también lo sufrió Teddy Bautista, el solista y compositor de Los Canarios, pero él no los recuerda con especial enfado. «Al final, necesitábamos los servicios de un experto, de un profesional que conociera la industria y nos guiara», dice. Bautista se separó de Milhaud, que no aprobó su deriva artística. Desde dentro de la SGAE, el cantante luchó para empoderar al autor con el fin de que, de forma soberana, pudiera marcar el reparto de esos derechos. Sin embargo, se muestra muy crítico con el sistema actual de contratos, que se llama «360 grados», por el que el artista cede a la discográfica cualquier derecho que genere su creación, desde el *merchandising* hasta los productos visuales.

Antes de su fallecimiento en 2018, Alain Milhaud explicó en algunas entrevistas cómo había sido el proceso creativo de Manolo. «Tenía una voz potente y ronca, muy al estilo de los cantautores franceses», describía el suizo, que le tradujo a Díaz las canciones de Jacques Brel para proporcionarle inspiración. «Manolo era de ciencias y le costaba encontrar un lenguaje propio, simple y poético a la vez, hasta que me presentó "Rufo el pescador". Había vencido. El tema reunía todos los ingredientes para convencer y vender: música fresca y pegadiza, y un texto contestatario», contó a Salvador Domínguez en su libro *Bienvenido Mr. Rock*.

La vida guio a Manolo hacia la canción social, o testimonio, como a él le gustaba denominarla, con una crítica a lo cotidiano, y le abrió las puertas a otra nueva etapa en su variopinta carrera.

4

Posguerra

Volveremos a ser
lo que fuimos ayer;
nuestros hijos podrán
vivir en paz
en posguerra.

MANOLO DÍAZ (1967)

Tres policías de paisano viajan conmigo en un coche camuflado que vuela por la autovía de salida de Lisboa con destino a España. Yo voy en el asiento trasero, donde hay preparadas unas correas para atar el cuello, los brazos y las piernas del pasajero, que conmigo no utilizan. Los hombres que me montaron en el vehículo se identificaron como agentes y me dijeron que iban a solucionar un problema con mi pasaporte. Cuando paramos a pagar el peaje del puente que cruza el río Tajo, me echo a temblar. ¿Qué policía, de cualquier parte del mundo, paga los peajes?

Dos hombres corpulentos habían ido a buscarme a mi habitación del hotel en la capital portuguesa para impedir que diera un concierto en el teatro Villaret. Aunque no se identificaron como tales, me di cuenta de manera instantánea de que eran miembros de la policía secreta del dictador portugués, António de Oliveira Salazar. La conocida como PIDE, siglas de Polícia Internacional e de Defesa do Estado.

Pedí hacer una llamada, pero me negaron esa posibilidad. Tan solo me dejaron coger el pasaporte y, con lo puesto, me subieron a un coche sin ningún tipo de distintivo policial. Alrededor del hotel había muchísimos otros hombres del mismo estilo. Era un momento crítico en Portugal. Se habían producido numerosas detenciones y habían asesinado al general opositor Umberto Delgado.

El viaje apenas duró tres horas, porque íbamos a una velocidad suicida. Cruzamos contadas palabras. Un par de veces me atreví a preguntar por qué me habían detenido y, en portuñol, me contestaron: «Usted é un poeta dessos». Estaba convencido de que en cualquier momento me pegarían un tiro y me dejarían tirado en una cuneta. Rayando la medianoche, llegamos a la frontera con Badajoz y aquellos forzudos me hicieron bajar del vehículo. Sin mediar palabra, desaparecieron en la oscuridad.

Ante mí, un guardia civil español me miraba atónito. Me dijo: «¿Qué ha hecho usted?», y le contesté: «No tengo ni idea». Como iba con lo puesto, me prestó cien pesetas para coger un taxi a Badajoz. Una vez allí, encontré un hotel, prometí pagar en cuanto pudiera el alojamiento y los gastos, y me dejaron llamar a mi pareja, Katia, que se había quedado en Lisboa junto con mi amigo Patxi Andión. Les tocó volver a subir a nuestro dos caballos rojo el equipo de sonido que ya estaba instalado en el teatro Villaret y venir a buscarme a Badajoz. En aquella época, los músicos nos desplazábamos con nuestros propios altavoces, amplificadores, instrumentos... Era todo muy precario.

Al poco de regresar a Madrid, me llamaron de la oficina de Carlos Robles Piquer, entonces director general de Información y Turismo. Había sido inevitable que los medios de comunicación se enteraran de lo que había pasado, porque la función programada en el Villaret tenía las localidades agotadas. Cuando anunciaron que el recital se tenía que suspender, también dijeron que me habían llevado preso, así que el revuelo mediático estaba servido.

En el ministerio me advirtieron de que si me llamaba algún periodista español diera una versión edulcorada de lo sucedido o que, al menos, no criticara el sistema político del país hermano. Este suceso marcó de alguna manera el ecuador de mi etapa como cantautor y, al echar la vista atrás, pienso que también fue una interesante manera de medir el alcance de mi éxito. El suceso me mitificó en Portugal, donde de repente era una suerte de cantante proscrito del régimen. En España, mi carrera se había lanzado como artista de la llamada canción social o testimonio y, con mayor o menor desenvoltura, capeaba la censura y también mis propias inseguridades.

El Manolo cantante llegó a consecuencia del Manolo compositor. Cuando comencé a escribir canciones más serias, como el éxito de «Rufo el pescador» en el Festival de Mallorca, me vi en problemas para encontrar a los intérpretes adecuados. En 1966, apenas se estaba formando el embrión de la llamada *Nova Cançó* catalana, liderada por Joan Manuel Serrat, y el tipo de letras que yo componía con aquel ingrediente de denuncia social tenían difícil salida.

La decisión de convertirme en cantautor se tomó de la forma más fortuita posible. Había grabado una maqueta con parte de mi repertorio «serio» para que Alain Milhaud nutriera el debut de Luis Recatero. Luis había estudiado Medicina y cantaba bien. Además, era el novio de Massiel, con la que terminó casándose. Al escuchar aquellas canciones, el productor suizo concluyó que el que tenía que cantar era yo. Yo siempre me había visto muchas limitaciones como cantante. Cantaba normal, sin desafinar, pero me faltaba la suficiente convicción de que mi voz solitaria y algo rota pudiera llenar un escenario. La pasión de Milhaud y la dificultad por encontrar otra mejor salida a mi repertorio me condujeron a intentarlo.

La alianza con la francesa Barclay me llevó a grabar un primer y modernísimo álbum, *Retablo*, en otoño de 1966 en los estudios de París de la avenida Hoche, con algunos de los mejores músicos de la época, los que trabajaban con Brel. Parte del disco se grababa casi en directo, con una orquesta grande (tenía cuerda, coros...) que tocaba alrededor de mí, cuando lo habitual entonces era que la orquesta tocara primero y luego se grabara la canción.

En aquellas sesiones pude hacer cosas tan bonitas como tocar la guitarra española en el inicio de «Vino una ola», de la mano de unos pedazo de músicos; o incluir conseguir notas glisadas (un tipo de nota que pasa a la siguiente recorriendo el sonido que las une) antes de que se hubieran inventado los sintetizadores, mediante un sistema que se asemejaba a un protoordenador. Eso no estaba ni próximo a existir en España. El proceso de grabación fue rapidísimo, más de lo esperado. Fui disciplinado y enseguida corregía los errores que me detectaban. El orquestador y arreglista era Jean Bouchéty, que hizo los arreglos a casi todas las canciones que publiqué en esos años. El resultado me pareció muy satisfactorio, y lo dice una persona perfeccionista y autoexigente.

Mientras estábamos en París, Milhaud me llevó a ver un concierto del propio Jacques Brel. Al acabar, el artista nos recibió en su camerino, muy guapo enfundado en un albornoz, para que le presentaran a aquel aspirante a cantante español que quería ser como él. El breve encuentro me impactó. Aquel fue el último concierto de Brel en el Olympia. Coincidimos de nuevo en el vuelo a Río de Janeiro, en el que él participaba como jurado del festival y yo concursaba representando a España. Poco después, el belga anunció su retirada del mundo de la canción. Se dedicó al cine y un cáncer de pulmón se lo llevó antes de cumplir cincuenta años.

Regresamos a España con un disco espectacular bajo el brazo, pero Milhaud se sumió en la promoción explosiva de Los Bravos y fue retrasando mi lanzamiento a lo largo de casi un año. Echando la vista atrás, ese *impasse* perjudicó mucho mi carrera. De alguna forma, perdí la ocasión de ser un innovador, de crear una cierta escuela de canción protesta. Mientras llegaba lo mío, se fue afianzando en la categoría Luis Eduardo Aute (con el que se me comparaba a menudo) y la propia Massiel cogió fama. Cuando por fin Milhaud dio el pistoletazo de salida a mi proyecto, me sumé a una corriente que ya estaba en marcha. Años más tarde, me reconoció que el retraso había dañado mi lanzamiento. Pudimos ser los primeros, pero quedamos como unos seguidistas.

Con la experiencia que acumulé después en la industria de la música, ahora sé que aquel no fue el único error. Desde el inicio, a Milhaud le faltaba un plan definido conmigo; no había estrategia. Si se graba un disco como aquel de París, con unos arreglos maravillosos, es imperativo poner en marcha un plan a la altura. Él organizaba comidas con personajes influyentes a los que les mostraba el disco y, aunque la mayoría eran periodistas, recuerdo que uno de los invitados fue el propio Joan Manuel Serrat. La prensa nos contraponía: él era el líder de la canción catalana y yo encabezaba una supuesta canción castellana que realmente no existía como tal.

El crítico Jesús García Dueñas hizo una muy buena reseña en la revista *Triunfo*, que terminó incluyéndose en la trasera de la carátula del vinilo cuando se lanzó. Dueñas reconocía mi esfuerzo por hacer un «fresco de la vida española»: «Manolo Díaz es lo que ha dado en llamarse un compositor *in*: su creación sonora se halla en la línea de las tendencias más renovadoras de la música actual. [...] Lo que puede resultar más interesante de la aportación de Manolo Díaz es justamente su versatilidad, dentro de una línea de cierto compromiso crítico».

El frontal de la funda era un retrato de mí por Alberto Schommer, uno de los fotógrafos más laureados de España. Se trataba de una producción muy cuidada, pero la fórmula para adelantar la presentación era elitista y en absoluto dirigida al gran público. En líneas generales, la promoción fue reactiva.

En el verano de 1967, lanzamos mi primer *extended play* con tres canciones: «Posguerra», «Vino una ola» y «Bibí». Era un adelanto al lanzamiento de *Retablo*, que llegó meses después. «Posguerra» tuvo bastante éxito, sonó durante todo el verano, pero no era un tema para interpretar en directo porque necesitaba orquesta, lo que la convertía en una canción cara. La siguiente que subió en popularidad fue «Bibí», un tema con el que me mofaba de los niños pijos que tenían la vida arreglada. Massiel fue una de las primeras en escucharlo y le encantó. Me dijo que lo quería cantar ella, pero yo ya estaba un poco cansado de ceder la primicia de todas mis canciones y le respondí que no, que esa me la guardaba para mí. Puede que fuera popular, pero «Bibí» no alcanzó precisamente la fama. Quizá con Massiel hubiera ido mejor.

Retablo era un proyecto diferente, en él volqué mi visión de la España del momento y, medio siglo después, parece que muchas cosas siguen igual. El repertorio era una iconografía completa de las miserias cotidianas de nuestra sociedad, explicadas con bastante ironía. Había temas como «La boda», que era la caricatura del casamiento de una chica joven y los desvelos de su madre. «El luto», donde describía la hipocresía de quienes van a los entierros y se ocupan de cualquier cosa menos de pensar en el muerto. O «La universidad», con la que intenté hacer un reflejo del ambiente estudiantil. Con el tiempo, creo que es una canción malograda, no me gusta, se queda corta en la descripción de lo que sucedía. No todos eran estrenos absolutos: algunos de los temas del disco ya habían sido cantados por Los Bravos o por Los Pasos antes del lanzamiento de mi propio álbum, como «Don Felipón», una canción que denunciaba la opresión de un latifundista y que fue bien acogida.

En total se vendieron alrededor de sesenta mil unidades, un resultado no despreciable pero discreto. El disco fue muy bien recibido por la crítica, que le dio un cierto halo de intelectualidad, por mucho que yo buscase la sencillez en las composiciones. Las ideas venían de la calle, de las conversaciones diarias. En la música era más complejo, con reminiscencias de autores clásicos (en algunas se puede percibir el trasfondo de Brahms y en otras de Chaikovski).

Nunca hice mi propia música con ánimo comercial. La gran mayoría de mis actuaciones eran gratuitas. En muchas ocasiones iba a cantar, y a charlar, a pueblos o aldeas donde me llevaban conocidos. Me gustaba estar cerca de la gente, comunicarme. El objetivo no era hacerme ni rico ni famoso. De hecho, andaba con problemas de dinero todo el tiempo. Pero una de mis metas sí era llegar a un público lo más amplio posible para difundir ciertas ideas, y ahí fracasé.

Creía en una canción que naciera del pueblo, con el lenguaje y las preocupaciones propias del pueblo. También en la canción como instrumento de cultura y, en cierta forma, como un medio de comunicación social. No me gustaban los compositores que exponían un conflicto y también daban una solución. Me parecía poco honesto aprovecharse del púlpito privilegiado que otorga la radiodifusión de una melodía y la fama de un intérprete para imponer ideas. Mi estilo pasaba por plantear un problema para que el público reflexionase sobre él, pero cada oyente debía encontrar su propia salida.

Recuerdo que un periodista de la revista *Discóbolo* me preguntó si con la fama no correría riesgo de perder aquella sencillez. Le respondí que ya había tenido ocasiones de prostituirme y las había rechazado. Y que mi intención era seguir defendiendo mis ideas. En los diversos puestos que ocupé en la industria musical, y hasta el día de hoy, lo he seguido intentado. También he sabido irme cuando ya no podía desempeñar un papel, que fue lo que sucedió con este rol de cantautor.

Esta visión romantizada de mi labor como cantante, sumada a mis inseguridades sobre el escenario, se topó de bruces con la realidad en uno de los primeros recitales que di, en una sala de conciertos de León. La sala estaba repleta de gente, pero había un grupito de chicos que habían ido a montar bulla. Desde el principio interrumpían mis canciones con alboroto y se terminaron pegando entre ellos. Reduje la duración del concierto a menos de la mitad y salí como pude del local. Me prometí que nunca volvería a tocar en un sitio así. Como mi carrera fue tan corta, logré cumplirlo.

Cuando iba a cantar a TVE, me sentía más cómodo. Me situaban en escenarios algo tétricos que reaprovechaban de otras grabaciones, con unas columnas como derribadas de los romanos. Hay que reconocer que la escenografía estaba hecha con poco cariño, primaba ahorrar dinero. El director de aquellos programas musicales de TVE, José María Quero, tenía prestigio, pero le faltaba financiación. Yo solo caminando por el escenario mientras cantaba me encontraba bien, aunque luego evitaba ver la grabación, porque me odiaba. Siempre pensaba que podía haberlo hecho mucho mejor.

En 1967 representé a España en el Festival de la Canción de Río de Janeiro. Milhaud y Augusto Algueró me convencieron de cantar «El pobre», un tema que llegó a tener bastante éxito en Centroamérica y el Caribe, especialmente en Cuba, con una letra algo naif en la que un hombre sin recursos reivindica su superioridad como persona pese a la falta de dinero. Creo que la elección de la canción fue un error, no es un tema para salir a competir, aunque al menos pasé el corte y llegué a la final.

El viaje fue toda una experiencia. La delegación española incluía a Carmen Sevilla, a su marido Augusto Algueró y a su padre —del mismo nombre—, a Alain Milhaud y al propio Jean Bouchéty, que se trasladó para dirigir la orquesta que acompañaría mi interpretación. Hicimos una primera escala en Suiza y una segunda, mucha más exótica, en Dakar, donde nos perdieron las maletas. La participación en el Festival incluía varias actividades de promoción y entre ellas me pidieron asistir a una carrera de caballos como pareja nada menos que de ¡Kim Novak! La estadounidense era un mito erótico en el momento, y fue muy impresionante ser su comparsa promocional. Pero conocerla fue una decepción total: era una persona poco interesante.

Actué en la sección internacional, poco después que Quincy Jones, en un pabellón deportivo, el Maracanãzinho, abarrotado y con un público muy entregado. Puede que sea una de las veces que más público me ha visto en directo. El jurado era de categoría, estaba mi admirado Jacques Brel y también Henry Mancini, el autor de algunas de las más famosas bandas sonoras de Hollywood. Al final, el ganador en la categoría extranjera fue Jimmy Fontana. Me llevé a casa grabado en la retina el impactante horizonte de Río de Janeiro, con sus increíbles playas y su atardecer recortado tras las montañas. No mucho tiempo después reconocí en el pueblo granadino de Motril una estampa muy similar y decidí comprar una casa allí.

Puede resultar contradictorio, pero, de entre las actuaciones en directo, una de las que más disfruté fue la del primer concierto que di en Lisboa, en el teatro Villaret, semanas antes del suceso con la PIDE. Apenas estaban ocupadas las dos primeras filas con periodistas y otros personajes influyentes de Portugal. Sin embargo, se creó un ambiente muy bueno y acogedor, sentí una gran conexión con aquel selecto y escaso público. El concierto les encantó y al día siguiente, de forma unánime, la prensa me puso por las nubes. La expectación duró varios días, en los que me entrevistaron en la televisión y me invitaron a un coloquio en la universidad. Allí se habló de democracia… o más bien de la ausencia y necesidad de ella. Puede que fuera suficiente para que la PIDE me viera como un elemento subversivo y no me dejara volver a subir al escenario del teatro lisboeta en el que se habían vendido todas las entradas.

El promotor del concierto del teatro Villaret me había pagado unos trescientos dólares por los recitales que sí se llegaron a hacer. Resultaron ser billetes falsos. Cuando me di cuenta no protesté, porque ya me había programado la segunda fallida actuación, en la que se esperaba el lleno total, y que nunca se pudo celebrar.

En España, al principio, la censura solo puso problemas a «La juventud tiene razón». La compuse en 1968, en plena efervescencia del Mayo francés, y la grabé en Londres junto con «Sierras y valles». De manera inmediata, pasó a formar parte de ese listado de canciones que, aunque habían llegado a publicarse, eran «no radiables», en la jerga del régimen. Pero conseguimos saltarnos la prohibición gracias a una estratagema que urdí con Milhaud. En abril de 1969, la población suiza de Lugano celebró el festival Una Canción para Europa, con el ánimo de competir con el célebre Festival de San Remo. El certamen pretendía premiar el talento joven, a gente que hubiera comenzado una carrera en sus países de origen pero que necesitara un empujón para el desarrollo internacional. La gala final se difundió por la alianza de televisiones públicas europeas.

Desde España fuimos invitados Marisol, Massiel y yo. También fue Mike Kennedy, ya separado de Los Bravos, en representación de Alemania (la prensa española lo siguió como si fuera patrio). Éramos un grupo dispar, y Marisol, pese a su fama, era la más sencilla de trato. Para ahorrar costes, las actuaciones del festival se desarrollaron en absoluto playback, sin ni siquiera fingir que había una orquesta. Todo enlatado. Fue en aquellos años cuando se empezó a sentenciar la música en directo, empobreciendo así las actuaciones de los artistas.

Milhaud y yo teníamos claro que aquel invento de Lugano no serviría para nada en mi carrera. Pero nos pareció una oportunidad muy propicia para esquivar la censura franquista, así que elegimos «La juventud tiene razón», que no estaba permitida en nuestro país. Los hogares españoles que se conectaron aquella noche a la tele pública, y seguro que fueron decenas de miles, la pudieron oír.

Que me dejaran actuar en el certamen ya deja claro que yo no era un cantante de los etiquetados como «antifranquistas». Mi canción social era asumible por el régimen, aunque los censores estaban a la caza de los matices, y el clima de Mayo del 68 y mi incitación a la lucha traspasaron algunos límites que hasta ahora no había tanteado. Puede que «La juventud tiene razón» sea una de las canciones de las que estoy más orgulloso, con esa apelación a la búsqueda de la verdad.

También me gusta mucho «El tren ha partido», un sencillo posterior a *Retablo*, en el que hago un canto al migrante con una letra muy poética.

En esa fase, entre los años 1967 y 1968, estuve componiendo mucho, y publiqué varios sencillos conceptuales, entre ellos «Viejos y viejas», que se convirtió en la canción favorita de mi madre. «En sus ceños viven sus penas, y en sus manos campos de venas», era una de las estrofas con las que me decía: «Manolín, ¿cómo se te ocurren cosas tan guapas?». En ese momento mi familia ya estaba reconciliada con mi vocación de músico y todos se mostraban muy orgullosos de mis éxitos.

Hice algunos experimentos con la música electrónica con un sencillo futurista con temas como «Laboratorio» o «Los marcianos», en los que entré en la psicodelia y abordé las posibilidades de los bebés probeta. Estaba super de moda la literatura de ficción, y yo acababa de leer *Un mundo feliz*, de Aldous Huxley, y *Farenheit 451*, de Ray Bradbury. Así que pensé que también se podría hacer un género de «canción ficción», que fue como titulé el vinilo. A la crítica del momento le gustó mucho, pero con los ojos de hoy el resultado fue bastante pobre.

Tomás Martín Blanco continuaba con su apoyo programando mis canciones en la radio, y protagonicé numerosos reportajes en revistas y una aparición en TVE, porque el director de Medios, Paco de la Fuente, había hecho un trabajo magnífico con la prensa.

Pasaron muchas cosas entre que grabé el primer álbum y finalmente vio la luz. Por ejemplo, me enamoré y tuve que hacer la postergada mili. Fueron dos hechos que me acompañaron en aquella transición que estaba realizando de joven a adulto, y a profesional del mundo de la canción. Mi pareja y madre de mi primera hija, Vanessa, fue la suiza Katia Brunner.

Katia tenía apenas veintidós años y hablaba un perfecto español cuando nos conocimos. Era muy guapa e increíblemente culta y leída para su edad. Formaba parte de un grupo de gente del cine y, al poco de empezar a salir juntos, ya me fui a vivir a su casa en la calle Ferrer del Río. Tanto ella como el apartamento pasaron a ser centrales en mis aventuras musicales, personales y profesionales, en los siguientes años.

En plena promoción del disco, y ya viviendo con Katia, tuve que ir a La Granja a hacer lo que llamaban milicias universitarias. Seguía matriculado en Topografía, pero ya con veintisiete años habían expirado todas las prórrogas y me hicieron unirme a filas con aquel privilegio que se les daba a los estudiantes de dividir el tiempo de servicio militar entre varios veranos. Nos instalaron a doce chicos desconocidos —el criterio para agruparnos era la altura— en una tienda de campaña circular, donde guardábamos nuestras pertenencias detrás del catre. Entablamos una buena relación y uno de ellos, José Luis Heras, terminó sumándose a uno de mis proyectos musicales.

Al principio, el ejército no parecía demasiado estricto. Me dejaban salir cuando tenía un compromiso y, a cambio, me utilizaban para la propaganda. Cantaba el himno de artillería con entusiasmo, al fin y al cabo la cosa era cantar, y mis conocimientos de topografía resultaban muy útiles para los exámenes de balística. Les convenía tener a un cantante, y en ese año yo era relativamente famoso, que pudiera mostrar las bondades del servicio militar. Me hicieron participar en un publirreportaje de la revista *Tele Guía* que cubrió al detalle mi jura de bandera y la convirtieron en un reclamo para integrarse en las milicias.

En La Granja organicé un concierto al que llevé a un grupo de moda que me gustaba mucho, Almas Humildes. Para la ocasión, compuse una canción que titulé «Llano amarillo», en honor a los terrenos donde se hizo el espectáculo y que también eran nuestro lugar de prácticas. Fue un tema que, por supuesto, luego nunca grabé. Aquellos jóvenes vestidos de militares, escuchando cantar a Manolo Díaz y Almas Humildes, supusieron un gran acto de promoción para el ejército, los periódicos lo cubrieron con fotos muy inspiradoras en las que aparecían los soldados universitarios tirando sus gorras al aire.

La experiencia militar quedó teñida por la inesperada muerte de mi padre. Se fue de repente, por un infarto. Abandonar a mi madre para terminar el servicio militar me produjo un desgarro terrible. Formaban una pareja ideal, compenetrados al milímetro. Como se tardaba casi un año en tramitar la prestación por viudedad, empecé a pasarle a mi madre dinero cada mes. Después del entierro, cuando tuve que regresar al campamento, le enviaba un telegrama cada día en el que le decía: «Te quiero». Los empleados de la oficina de Correos militar estaban atónitos conmigo. Durante semanas, a cualquier amigo que me encontraba le decía: «Corre y vete a casa a dar un abrazo a tu padre». Siento que lo conocí y lo disfruté muy poco. Aquellas jornadas interminables de sus dos trabajos me lo robaron. Y fue un hombre muy bueno.

Las prácticas de alférez las hice en San Clemente de Sasebas, en Girona, muy cerca de la frontera con Francia. Tenía asignada una unidad de artillería antiaérea con cien soldados catalanes del Ampurdán y, para hacerlos desfilar con ánimo, cogía canciones de la radio, les cambiaba la letra y las hacía un poco guarras. Entonando melodías eróticas los muchachos marchaban con un entusiasmo increíble.

A mis jefes, los comandantes, aquella técnica les parecía un éxito, y, cuando estaban a punto de felicitarme y darme el título de alférez, llegó un informe contando aquel episodio con la PIDE portuguesa, en el que se explicaba que me habían echado por contestatario y filocomunista. Me expulsaron de inmediato de las milicias universitarias, no sin antes informarme de que el próximo destino, con el que debía acabar el servicio militar, sería El Aaiún, la población del Sáhara que España aún mantenía bajo ocupación en aquel momento.

De sobra conocía yo lo que suponía ir a África como militar, después de mi experiencia en Liberia, así que recurrí a un buen número de amigos de la familia para que me ayudaran a no acabar allí. Tras una serie de reuniones infructuosas, un comandante de Capitanía General se apiadó de mí y trató de verificar mi historia. Aclarado lo sucedido en Lisboa, me dio la posibilidad de terminar mi progresión como alférez o licenciarme como soldado raso, una opción que acepté muy rápido y de buena gana.

La mentalidad con la que estrené la década de los setenta, hecha la mili y con pareja formal, era muy distinta a la de ese joven recién llegado de Liberia que con tanto entusiasmo había abrazado la tutela de Milhaud. Nuestra relación se había ido deteriorando con el tiempo y yo había perdido la confianza en él. Cada vez le veía más fracasos, así que el misticismo con el que lo contemplaba terminó por derrumbarse.

Publicamos un sencillo catastrófico, «Coca-Cola, tabaco, chicle and soul». Era realmente malo y dejaba claro que faltaba coherencia en mi carrera. Con él perdí el favor de la crítica, que lo atacó con saña, y el mal entendimiento con Milhaud se hacía más palpable.

Comencé a quejarme porque no tenía contrato y tampoco ganaba dinero. Estaba ya bastante convencido de que mi futuro no pasaba por ser cantautor sino por producir a otros y componer. Ante mi insistencia, Milhaud reaccionó y puso sobre la mesa un contrato que me resultó ofensivo. El salario era mísero, de unas quince mil pesetas al mes, pero lo que más me dolió es que estipulaba que yo podía seguir descubriendo y llevando a grupos nuevos, pero, una vez que tuvieran éxito, tenía que pasárselos a él.

Quizá tuve una reacción infantil, pero tomé la decisión de llamar a Tomás Martín Blanco para preguntarle si tenía trabajo para mí. En el pasado, Milhaud y él habían hablado de montar un sello juntos, pero las conversaciones no habían llegado a nada. El célebre locutor acogió mi llamada con entusiasmo, y me propuso colaborar en una nueva discográfica, Discos Acción, que estaría dentro del paraguas de la Cadena SER.

Gracias a Milhaud, cuando pasé a mi siguiente aventura profesional ya dominaba las técnicas de la grabación. Fue una importante escuela. También aprendí partes del negocio que no conocía, como la importancia de la editorial, la distribución, los *royalties* con los artistas y la captación de las canciones con potencial para triunfar.

Estuve años sin hablarme con Milhaud. Podría haberle explicado qué era lo que tanto me había molestado, pero, después de quererlo y admirarlo a raudales, necesitaba digerir lo que yo había sentido como un insulto y un desprecio. Algo más de una década después volvimos a trabajar juntos, cuando él dirigía la editorial de CBS, y retomamos nuestra relación de forma cordial pero distante.

Han pasado más años
y qué viejo estoy.
Fui a la guerra.
Si mis hijos supiesen,
supiesen quién soy.

«Posguerra»,
MANOLO DÍAZ (1967)

La transición del Manolo joven al adulto es un periodo repleto de acontecimientos de carácter personal que moldean su obra y culminan con la transformación de una personalidad. Una transición que se había iniciado en Liberia. El amor, el ejército y la muerte de su padre coinciden con el cambio de década. El paso de esos dorados años sesenta, donde la industria de la música española estaba por hacer, a unos setenta en los que las compañías discográficas se asientan, se implanta la radiofórmula y el aperturismo español despliega las primeras bases de una sociedad que mira hacia afuera.

Katia Brunner, la primera mujer que conquistaría su corazón, llegó con apenas veinte años a esa España que comenzaba a buscarse a sí misma. Katia tuvo un flechazo con Madrid y se asentó encontrando su lugar en el círculo del cine, un sector también efervescente en ese momento.

La pareja de veinteañeros se conoció a través de los amigos de Fernando Arbex, entonces batería de Los Brincos y muy amigo de Manolo por el club del Canal de Isabel II. Arbex había comenzado a frecuentar a la gente del cine porque había puesto música a algunas películas, como *Las cuatro bodas de Marisol*.

A la salida de la histórica discoteca Stone's, considerada underground y ubicada en la calle Villalar de Madrid, Katia y Manolo se pusieron a conversar. Ella le contó que estaba haciendo unos montajes fotográficos con actores de cine y que estaba buscando una buena imagen de James Dean. Manolo respondió que tenía una muy buena, así que quedaron para el intercambio. Fue el principio de una relación que duró casi una década.

Katia recuerda a un joven que realmente no quería ser cantautor, pero se veía forzado a hacerlo para complacer a Alain Milhaud. «Lo pasaba muy mal, no le gustaba nada. Además, la única forma de hacer algo de dinero era con las galas, y él las odiaba».

El concierto en una sala de fiestas de León fue su bautismo en el directo. Manolo lo recuerda con horror, pero su madre, sus tías y su prima Ángeles Bravo, que bajaron en tren de Oviedo a verlo, tienen una visión muy diferente. «Cruz —su madre— se puso a llorar de emoción en cuanto empezó a cantar. Terminamos llorando todas durante el concierto por la emoción y el orgullo de verlo sobre el escenario. Fue maravilloso», rememora Ángeles.

A Katia no le gustaba su compatriota suizo, y le señalaba a su pareja algunas actitudes por las que sentía que se estaba aprovechando de él, pero Manolo insistía en restarle importancia. En el ámbito intelectual, le seguía resultando muy provechoso trabajar con él. La lealtad fue uno de sus grandes valores.

El hecho de que su primer disco, el que se grabó en París, estuviera más de un año durmiendo antes de empezar a publicitarlo sí que fue erosionando la visión que tenía del productor. Aquel proyecto tuvo un éxito relativo y, desde luego, la brevedad de su carrera como cantautor, poco más de tres años, no le dejó asentar ni la fama ni el reconocimiento del público. Con todo, los críticos musicales que vivieron aquel momento definen *Retablo* como uno de los mejores álbumes compuestos en los sesenta.

«Manolo tuvo la desgracia de grabar con Milhaud, que no tenía sello propio», reflexiona José Ramón Pardo, periodista musical experto en esa década. En su opinión, la demora en sacar el disco dejó que Luis Eduardo Aute y Joan Manuel Serrat ocuparan ese espacio de la canción social, y el lanzamiento de Manolo quedó desdibujado como uno más. «Cuando se publicó parecía que se había apuntado a una corriente de otros. El público lo vio como un seguidor y no como un innovador».

De entre los sencillos del álbum, fue probablemente «Bibí» el que más interés despertó en los consumidores de música vanguardista. En ella se mofa de un niño pijo al que le regalan todo y que no ha tenido que trabajar en nada. «Recuerdo que, cuando escuché aquella canción cantada por un hombre, me impactó. Me pareció muy transgresor», dice José Luis Gil, el que fuera mánager de Raffaella Carrà, Miguel Bosé o José Luis Perales. La singularidad del tema es algo que también impactó a Luis Cobos, que conoció a Manolo casi dos décadas después. Pero Manolo, que cuidaba mucho las letras, siente mucho más apego por canciones con un contenido poético. En 1966, sus letras empiezan a mostrar una fuerte crítica social de lo cotidiano, son fruto de la época. De ahí pasa a jugar con la ciencia ficción, la psicodelia y la política.

Su figura fue discutida, y no todos los críticos musicales la recuerdan por igual. El periodista de *El País* Diego Manrique cree que sus discos como cantautor son «decepcionantes». «El traje musical no encajaba en esas canciones que eran bastante elementales y no del todo bien construidas métricamente. Igual con otros arreglos hubieran sido más tolerables», zanja.

En un primer momento, la prensa lo acoge con entusiasmo y lo nombra líder de la denominada «canción castellana» en contraposición a Serrat. Pero los vaivenes de su promoción y el sonido algo errático de sus sencillos le hacen ganarse muchos detractores.

La forma en la que Manolo vivió el servicio militar es una buena muestra de su carácter perfeccionista y, a la vez, extremadamente adaptable a las circunstancias que le toca vivir. «Le encantaba cantar el himno de artillería», recuerda José Luis Heras, su compañero de tienda durante los dos veranos de La Granja y gran amigo. Lo recuerda como muy distinto a los otros once que compartían campaña. Guapo y con mucha presencia, abordaba todas las tareas con ilusión y empeño. Sus conocimientos de topografía le hacían ser especialmente bueno en balística, y desfilaba con pasión. «José Luis, todo lo que se hace hay que hacerlo bien», le decía Manolo. Esto conseguía exasperarlo. Esa disciplina personal es uno de los atributos que más recuerda en el ámbito militar, pero la mantenía en otras facetas de la vida, como las grabaciones, que repetía hasta que salían perfectas.

Manolo era relativamente famoso cuando comenzó la mili, casi todos los cadetes lo conocían en el campamento. Compañeros de otras tiendas se acercaban a pedirle autógrafos, porque había hecho muchas actuaciones en TVE y salía continuamente en las revistas. Se llevó una guitarra consigo y con ella seguía componiendo en los ratos libres. A Heras le compartió su idea de hacer un grupo de música coral con universitarios, el germen de lo que luego sería Aguaviva.

En la tienda había mucha camaradería. Cantaban, bebían, y también compartían sus ideas. Era el verano del 68, y, mientras ellos dormían con el fusil, otros universitarios españoles se habían ido a París a tirar adoquines, generando una atmósfera muy ambivalente dentro de aquellas tiendas de La Granja.

El mayor conflicto que tuvo Manolo con el régimen franquista fue el incidente de Portugal, el motivo último por el que no se graduó como alférez. Pero él, a diferencia de muchos de sus amigos de entonces, no tiene especial recuerdo de ir a manifestaciones y «correr delante de los grises». Sus intentos de influir en la sociedad tenían un punto de la doctrina del *soft power*, intentando no ir de frente, sino colándose por las grietas de la dictadura. Teddy Bautista, especialmente movilizado políticamente, hizo el servicio militar al mismo tiempo —pero en distinto destino—, y lo recuerda como un pensador de izquierdas, si bien más próximo al anarquismo. Manolo se ríe con el comentario de Teddy. Pero, tras reflexionar, se siente identificado. Con una salvedad: se ve más anárquico que anarquista y, eso sí, siempre apartidista.

Manolo rompe el cordón umbilical con Alain Milhaud e inicia el vuelo como productor. Descubre que trabajar para hacer brillar a otros es su verdadera vocación.

5

Poetas andaluces

Cantan, y cuando cantan parece que están solos.
Miran, y cuando miran parece que están solos.
Sienten, y cuando sienten parecen que están solos.

Rafael Alberti (1951),
musicado por Manolo Díaz (1970)

Llamé al timbre de una casa con una puerta recia de madera oscura en la via Garibaldi, en el Trastévere romano. María Teresa León, una de las grandes escritoras de la generación del 27, nos dejó pasar. Me acompañaba Tomás Martín Blanco. El suelo del apartamento era de un vistoso azulejo de colores que parecía pintado a mano, un hidráulico de un estilo muy español que irradiaba alegría a la casa. Llegamos a un salón en el que se podían ver cuadros de Picasso, Genovés y Miró colgados de forma un tanto desordenada en las paredes. Allí nos esperaba su marido, Rafael Alberti.

La pareja llevaba instalada en Roma desde su regreso a Europa, en 1963, después de marchar al exilio al que los condenó el resultado de la Guerra Civil. El encuentro lo había auspiciado Alfredo Mañas, con el que en esa época trabajaba mucho, y me había pedido llevarle al poeta del Puerto de Santa María un tricornio de la Guardia Civil, un chiste entre ellos. Nos había citado a las nueve y media de la mañana y teníamos media hora agendada para exponer la razón de la visita.

En realidad, había ido a pedirle permiso para musicar sus poemas, en concreto la «Balada para los poetas andaluces de ahora», e iba armado con una maqueta que le permitiría escuchar mi propuesta y, con un poco de suerte, lo animaría a darme el permiso. Otros compositores, como Paco Ibáñez o Joan Manuel Serrat, estaban usando poemarios, pero Alberti había rechazado cualquier aventura musical con los suyos. Tomás era un fan del proyecto y se había apuntado a la misión de convencer al andaluz.

Nada más recibirme, dijo: «Díaz, he sido muy revolucionario, pero los que tienen mérito no son los que se fueron, sino los que se quedaron. Y yo ahora admiro a José María Pemán. No le puedo autorizar a que haga esa canción». Aquella balada de los poetas andaluces había sido una amarga reivindicación de Alberti al silencio de los intelectuales ante el régimen franquista. Más de una década después, el andaluz exiliado había cambiado su visión sobre la actitud de los que habían decidido quedarse.

Con todo, trajo un tocadiscos destartalado, cuya tapa era el propio altavoz, y a mí me entró el terror de que la canción sonaría muy mal. La pusimos —efectivamente, sonó horrible— y mientras la escuchábamos vi como su cara se transformaba con emoción hasta que una lágrima lenta fue surcando su mejilla. Me dijo: «Mire usted, Díaz, cuando se musican mis poemas nunca entiendo dónde está el poema. Pero esto es una mezcla de música actual y de respeto total por el poeta».

Desde ese momento hasta las cuatro y media de la madrugada del día siguiente, nos paseó por el Trastévere, nos llevó a ver iglesias, me contó la preocupación tan grande que sentía por su hija Aitana... Fue un encuentro increíble. Fui a reunirme con un líder de todos los movimientos comunistas y me encontré con un hombre normal lleno de tribulaciones. En las muchas horas que estuvimos juntos, y aprovechándome de la conexión que habíamos tenido, le pedí que me hiciese un dibujo. Esbozó una paloma y un garabato de la península ibérica. En la hoja, escribió la frase: «Hoy las nubes me trajeron volando el mapa de España». Conservo el material con muchísimo cariño.

Pasé tanto rato con él que hasta fui testigo, aquella tarde, de una reunión del Partido Comunista Italiano en su casa. Al final de la jornada, Alberti me dio su autorización para usar la letra. Solo puso una condición: que especificara con claridad la fecha en la que su texto había sido escrito. «Ese poema no lo escribiría el Alberti de hoy», dijo. Regresé a Madrid con un renovado impulso para lanzar el proyecto que tenía entre manos: musicar a los poetas prohibidos por el franquismo.

La idea la había tenido mi vecino de la calle Ríos Rosas, 28, José Antonio Muñoz. Era un tipo muy culto y leído, en poesía y en casi todo, y compartía conmigo algunos de los mejores versos censurados. Las ganas de musicalizarlos vinieron de manera natural. Muñoz era el comentarista de *El día del Señor*, el programa de TVE que desde los años cincuenta emite la misa dominical. Declamaba con muchísimo talento, así que una de las características de nuestras obras era que el texto original se escuchaba con nitidez. Él era la voz que clamaba a los poetas andaluces en aquella maqueta que estremeció a Alberti hasta las lágrimas. El locutor, con innumerables atributos de líder, proyectaba su magnetismo a través de la voz, que moldeaba a su antojo. Es increíble lo fértiles que resultaron nuestras conversaciones de ascensor. En los inicios, no pretendíamos ser antifranquistas, ni anti nada. Solo deseábamos difundir un mensaje con contenido social y dar a conocer esos maravillosos poemas que no se enseñaban en las escuelas. Que permanecían en las sombras.

Muñoz había conocido en unas vacaciones de verano a un grupo de chicos que cantaba en la misa de los domingos de la iglesia del Instituto Ramiro de Maeztu (la del Espíritu Santo, en la calle Serrano de Madrid). Aquellos muchachos intentaban vivir el cristianismo de forma moderna, acorde con el Concilio Vaticano II que tanto costó implantar en la España franquista, y al calor de los nuevos tiempos que propugnaba el cardenal Vicente

Enrique y Tarancón. Aquella comunidad se convirtió en un nido de curas de los que llamaban rojos, y en ella se daban cita militantes de partidos prohibidos, miembros de la Acción Católica Obrera e incluso militares que abogaban por la democracia. El párroco se llamaba Luis Sánchez Torrado, pero muchos otros curas (como Luis Maldonado o Moncho Guerrero, del que terminé siendo muy amigo, al igual que lo fueron Raphael y Natalia Figueroa) se acercaban a las misas y a las reuniones de los miércoles. Era una comunidad de gente muy formada que terminó por convertirse en un hervidero ideológico contra el régimen.

En la homilía de los domingos sonaban canciones como «La juventud tiene razón», y en varias ocasiones me uní a cantar con ellos. Aquel coro fue el embrión del grupo musical que pondría voz a los poemas prohibidos. Entre los protagonistas estaban Juan Carlos Ramírez, un estudiante de *teleco* que terminó siendo el solista; su hermana Paloma y dos hermanas jovencitas a las que llamábamos «las Pololas». A aquel núcleo duro proveniente de la fe fuimos añadiendo integrantes, como mi amigo de la mili, José Luis Heras, o mi hermano Luis, que tenía diecinueve años y estudiaba en la universidad. Era un grupo de aficionados que amaba el folk y que fluctuó durante varios años con una media de más de una docena de voces. Al principio, ensayábamos en nuestra casa de Ferrer del Río.

Antes de mi entrada en Discos Acción, tratamos de grabar un disco, pagando entre todos a escote el alquiler de los estudios de RCA en Madrid. Como teníamos tan poco dinero, las horas que pudimos rentar eran muy escasas, así que prácticamente grabamos del tirón. Cuando escuchamos el resultado, era horrible.

En un principio, el nombre que habíamos escogido para la formación era Voces de Humo, y, con esa precariedad escondida tras las ganas y el talento, el grupo comenzó a dar algunos conciertos. Fui promotor, productor e instigador del grupo, poniendo música a prácticamente todo su repertorio, pero nunca me subí a cantar con ellos a un escenario. Al poco tiempo, comencé en mi puesto de Discos Acción y, de repente, me encontré con la libertad y los recursos para crear mis propios proyectos. Sin duda este era el que llevaba más tiempo trabajando y al que me entregué con pasión. Tomás Martín Blanco, que, como siempre, apoyó desde el principio la propuesta, manifestó sus dudas con respecto al nombre y, después de una tormenta de ideas, dio con Aguaviva, un agua que brota natural del suelo y corre con fuerza.

José Antonio Muñoz elegía el repertorio de poemas. En total creo que llegamos a hacer unos treinta bajo mi dirección. Además de la obra de Alberti, pusimos melodías a las de Gabriel Celaya, Blas de Otero, García Lorca... Y sorteábamos la censura en ocasiones de forma un tanto ingenua.

Tomamos el poema de León Felipe que comienza:

Franco... tuya es la hacienda...
la casa, el caballo y la pistola...
Mía es la voz antigua de la tierra.

Simplemente lo reconvertimos en: «Hermano, tuya es la hacienda...».

La censura en aquella época tenía mucho que escuchar y que leer, y era obvio que ya solo disponía de tiempo para frenar o detener soflamas muy agresivas.

Un amigo que trabajaba en Radio Nacional de España me contó que, cuando llegó por primera vez el primer disco de Aguaviva con los poemas de Alberti, un crítico musical del momento preguntó: «Pero ¿para esto hemos ganado la guerra?».

La grabación formal de «Poetas andaluces», a partir del texto de Alberti, fue la responsable del éxito de la agrupación.

Raúl Peña, un realizador del grupo de cineastas amigos de Katia, grabó uno de los ensayos, con tanta suerte que ese material terminó convirtiéndose en el documental de uno de los NO-DO que se proyectaban en los cines. Nos íbamos colando por las grietas del régimen. Esa había sido siempre mi intención, no la de ir por el atajo del antifranquismo, sino la de conectar con la gente mediante fórmulas creativas para invitarla a pensar.

La propia carátula del álbum también era rompedora. Estaba compuesta para ser abierta y leída como si se tratara de un periódico. Los textos los firmaban Gabriel Celaya y el compositor y director de orquesta Cristóbal Halffter, integrante de la llamada «generación del 51», que trataba de llevar a España a la modernidad musical y que acogió de forma calurosa nuestra propuesta.

El LP se tituló *Cada vez más cerca* y contaba con algunos temas con mi propia letra y música originales. Por ejemplo, «Límites», «La unión del mundo», «Cantaré» o «Federico». La partitura manuscrita de «Federico», uno de mis primeros homenajes a Lorca, está recogida en el libro que publicó el pintor Gregorio Prieto como un homenaje de la generación del 27 bajo el título *Lorca en color*. Es un compendio de dibujos, cartas y fotografías del que fue un gran honor formar parte.

El éxito de Aguaviva terminó siendo mayor en el extranjero que en España, debido al desgaste de luchar de manera continuada contra la censura. En 1970, cuando apenas habíamos arrancado, participamos en la VI Muestra Internacional de Música Ligera de Venecia. Aunque no acompañaba a los chicos en todos sus viajes, en esa ocasión fui con ellos. Invitamos, además, a Rafael Alberti, que se sentó conmigo en primera fila durante la actuación. Lloró muchísimo. El éxito fue realmente abrumador y nos llevamos el León de Oro.

Entonces, el régimen portugués también me tendió la mano a la reconciliación. Invitaron a Aguaviva a un recital en el teatro Villaret, en Lisboa, cursándome la invitación directamente a mí. No había dudas de que era un gesto oficial, ya que mi fama, inmerecida, en el país vecino era de adalid de la izquierda debido a aquella involuntaria promoción tras la detención (y expulsión del país) de la PIDE.

Al llegar a Lisboa nos dijeron que nos recibiría el secretario de Información. Entramos en la sede del ministerio y caminamos por un pasillo largo y oscuro. Se oía el eco de nuestras pisadas. Al final, había una enorme puerta de madera que, sin tocar, se abrió de par en par. Yo iba el primero y, cuando me vio, el secretario de Información y Turismo, Cesar Moreira, se levantó y me dio un gran abrazo. Fue todo muy rápido, pero al instante escuché el ruido de una tormenta de flashes fotográficos. Los periódicos publicaron al día siguiente unas entrañables fotos de aquella escena surrealista y, desde ese momento, el régimen dio por neutralizado aquel mito revolucionario. De nuevo, y sin yo buscarlo, me cambiaron de bando.

El álbum *Cada vez más cerca* se publicó incluso en Estados Unidos, y en Holanda fue un éxito de ventas. En esa profesionalización de Aguaviva, la agrupación fue evolucionando. Varios integrantes se cayeron y, a cambio, se unió Luis Gómez-Escolar, que poco tiempo después se hizo novio de Cecilia. Gómez-Escolar ha compuesto algunos de los mejores temas de la música popular española, con obras tan variadas como la adaptación de «Amor de hombre» para Mocedades o «Agapimú» para Ana Belén, pasando por «La bomba», que propició el salto al estrellato de Ricky Martin. En 2024, su canción «Pedro» para Raffaella Carrà era una de las más escuchadas y descargadas del catálogo de la italiana.

Le pedí al músico Pepe Nieto que entrara a formar parte del proyecto. Quería que le diera más empaque a los arreglos de los siguientes discos. Él había empezado jovencísimo en la industria, con Los Pekenikes, pero estaba dedicado a la composición con unos arreglos de alto nivel que poca gente sabía hacer en España. Comenzamos una colaboración muy intensa en Discos Acción, y echando la vista atrás siento que su trabajo es historia musical de nuestro país. De su mano vino, por ejemplo, Vainica Doble, uno de los duetos de culto de la música pop española, a quienes di cobijo en el sello, pero el mérito completo de su producción es de Pepe, que supo ver en ellas un potencial que luego capitalizó la movida madrileña. Con los años, Pepe Nieto se especializó en hacer bandas sonoras, y ganó hasta seis Goya por la música de *La pasión turca* o *El maestro de esgrima.*

Una de sus primeras propuestas fue hacer un disco conceptual que tenía en su cabeza desde hacía tiempo y que se titularía *Cosmonauta.* De la carátula se encargó Luis Gómez-Escolar, tan talentoso que también era un artista de obra plástica. El álbum tenía una duración de veinticinco minutos y contenía cuatro composiciones, una de ellas de diez minutos. El objetivo nunca fue comercial. Éramos conscientes de que el concepto era muy elitista, ni siquiera se podía aspirar a escuchar por la radio. Lo vimos como una expresión artística de intelectuales y lo enmarcamos en el proyecto de Aguaviva.

El siguiente álbum fue *Apocalipsis*, más duro y oscuro que el anterior, pero (ahora sí) dentro de la lógica Aguaviva. En él musicamos desde un poema anónimo africano, «El niño ha muerto», hasta al poeta turco Nazim Hikmet, que había entrado a prisión por comunista. José Antonio Muñoz comenzó a escribir y, gracias a ese avance, en el disco entraron más canciones originales, con mi música y su letra. El álbum fue un éxito absoluto de crítica.

Esto produjo un frenesí de viajes por el extranjero en los que se cantaban a pleno pulmón los temas que tanto herían al régimen. Fueron al Midem de Cannes, donde compartieron escenario con Elton John y pasaron una larga temporada en Italia. El grupo se vio obligado a instalar una base de operaciones en Milán porque varias de las canciones estaban en lo más alto de las listas del país. Llegaron incluso a actuar en dos ocasiones en el Festival de San Remo, donde quedaron finalistas y recibieron el premio de la crítica.

En el siguiente álbum, *La casa de San Jamás*, cambiamos totalmente el concepto. De estética sombría y apocalíptica, pasamos a un mundo floreciente lleno de esperanza. La composición de las letras se hizo aún más coral. Además de José Antonio Muñoz se unieron como letristas en varias canciones Honorio Herrero y Luis Gómez-Escolar.

De entre los poetas, Alberti volvió a este disco, cediendo «La canción del hombre que se está quieto». También musiqué al gallego Celso Emilio Ferreiro, con «La canción del hombre libre». Pero quizá nuestra colaboración estrella fue con Gloria Fuertes, a la que fuimos a ver, como al resto de los autores que estaban vivos, en busca de la cesión de los derechos de su obra. A ella le encantaba lo que hacíamos, así que no solo nos autorizó a usar la letra, sino que nos pidió recitar ella misma «La canción de la que no quería mentir». Es un poema delicioso y fue un placer y un gran divertimento trabajar con ella.

Aguaviva vendía discos, pero no era ese su propósito. Era una creación artística que me salía del vientre. A la música se unía también la dramatización. Fue uno de los primeros grupos españoles en hacer auténticas performances. Mañas nos asesoró para preparar una teatral puesta en escena, muy efectista, que se convertiría en seña de identidad de las actuaciones en directo del grupo.

Pese al creciente éxito, sobre todo en el extranjero, las diferentes alineaciones de Aguaviva no cobraban nada en concreto. Vivían con intensidad el proyecto gracias a lo que ellos calificaban como «el espíritu Aguaviva». Eran como una familia, al final incluso llevaban a los hijos de gira, con una furgoneta que fue otro miembro más del grupo.

En un determinado momento, percibí que desconfiaban de mí o que al menos consideraban que mi participación era desproporcionada. Era el que tenía más ingresos, ya que cobraba los derechos de mis canciones, y prácticamente todos los integrantes iniciales, incluido mi hermano Luis, se habían ido. Me di por aludido y, tras el cuarto álbum y algunas discusiones, abandoné Aguaviva. Pepe Nieto y José Antonio Muñoz tomaron las riendas hasta 1979, año de la disolución de la banda.

Aunque durante esos años Aguaviva había sido el eje sobre el que pivotaba mi labor en la discográfica, yo seguía componiendo y produciendo con intensidad otros proyectos. Entre 1965 y 1971 calculo que compuse más de trescientas canciones. Fuera de la tutela de Milhaud, lancé un sencillo futurista, *Welcome to Mars*. En la primera cara, con una canción bajo el mismo nombre, daba la bienvenida a personajes como Pablo Picasso, Walt Disney, Mick Jagger, Bob Dylan, Jane Fonda, John Lennon o Federico Fellini. Al año siguiente Los Bravos, en su última etapa sin Mike Kennedy, la grabarían también. En la cara B publiqué «Blue Man», una balada en la que lidio con el racismo.

Entré así en una dinámica *funky* y algo mitómana que terminó dando lugar a mi segundo álbum, titulado *A Divided Family*. En ese momento primaba en mí una vocación internacionalista y las diez canciones estaban grabadas en inglés. El álbum también fue un capricho creativo, que era musicalmente opuesto a las composiciones que hacía de forma paralela para Aguaviva. Dedicaba una canción a diferentes líderes políticos del momento, de Charles de Gaulle a Lenin, y, cuando estuvo listo, con unos magníficos arreglos de Pepe Nieto, los censores del régimen me exigieron que al menos en España solo se mencionasen los líderes de derechas. Eso habría instrumentalizado políticamente mi disco, cuando yo lo que quería era reírme de todos.

En la funda hay una dedicatoria, es una carta a mi padre que había fallecido unos meses antes. Le llamo Kale, como se dirigían a él sus amigos, y le explico que he intentado retratar a los políticos defecando. Yo quería que la gente bailase en las discotecas al ritmo de Mao o de De Gaulle, quitarles el almidón a todos esos patriarcas. No acepté mutilar el repertorio del álbum que había ideado en su conjunto, así que fue censurado por completo y nunca se editó en España. De alguna forma, aproveché este capítulo para cerrar mi etapa como cantautor. Hacía tiempo que sabía que no me conducía a ninguna parte. Dejar de cantar fue una liberación, pero hacerlo me enseñó una lección de vida: entender el esfuerzo que supone para un músico estar continuamente encima de un escenario. La experiencia de esos años, en los conjuntos y como solista, fue clave a la hora de mostrar siempre mucho respeto a los artistas con los que he trabajado.

Por aquel entonces, estaba muy ocupado como para sentir nostalgia de mi papel de cantautor. Componía y producía frenéticamente. Además de Aguaviva y Vainica Doble, en Discos Acción produjimos a un maravilloso Pablo Guerrero, con la que quizá haya sido su mejor canción, «A cántaros». También hicimos la promoción del talentoso saxofonista Vlady Blas, con el que grabamos un disco en directo en un concierto de *free-jazz* en la Universidad Complutense de Madrid.

Conocí al solista portugués Paulo de Carvalho, que me causó una gran impresión, y me propuse lanzar su carrera en el país vecino. Le compuse dos temas, «Walk on the Grass» y «Waiting for the Bus», que tuvieron mucho éxito.

Otro de nuestros artistas en cartera era José Luis López, alias Blume, un chico encantador que tenía la misma voz que Elvis Presley y al que le compuse un nutrido repertorio (uno de mis temas favoritos es un homenaje a mi admirada Mahalia Jackson). Lo tenía todo para triunfar, voz y presencia, pero su carrera no logró despegar. Le faltaba el carisma de los triunfadores. Era un hombre que aún se estaba buscando a sí mismo y no tuvo la determinación suficiente que pavimenta el camino al éxito.

Una de las enseñanzas que había sacado de la experiencia con Milhaud es que la editorial —la gestora de los derechos de autor— se aprovechaba de los compositores en lugar de defenderlos. Así que intenté crear una editorial cooperativista para remunerar de forma justa a los autores, a la que sumé a Teddy Bautista y Patxi Andión, entre otros. Como yo era el único que tenía una casa, pusimos la dirección de Ferrer del Río como sede social y la bauticé Kama Music. Nos ayudó con la gestión Antonio Pérez Solís, el abogado especializado en derecho de la propiedad intelectual con el que yo ya había empezado a trabajar y que se convirtió en uno de mis amigos más estrechos. Trabajamos juntos varios años en diferentes países y empresas. Esta idea subversiva no llegó a triunfar y por poco me cuesta las amistades.

Lo de la música daba, con dificultad, lo justo para llegar a fin de mes. Como necesitaba ganar dinero componía para terceros. Lo más lucrativo era crear *jingles* para agencias de publicidad. Así me convertí en el *chico para todo* de la música. Una de las colaboraciones más divertidas que hice durante esa época fue con el dúo de humoristas Tip y Coll, a quienes compuse melodías para sus disparatadas canciones, entre otras una llamada «Obdulia». Antonio Pérez Solís era amigo del productor de televisión Fernando Tola, así que ya nos conocíamos de los ambientes culturales. Ellos me pidieron que les preparase una canción humorística a partir de una letra que ya tenían. La grabación fue desternillante. Coll era más serio, pero Tip no podía dejar de hacer chistes entre toma y toma.

Tuve una colaboración prolongada con la Cadena SER al musicar su serial de cuentos radiofónicos que la cadena programaba a las cinco de la tarde. Los locutaba Vicente Marco, que terminó siendo la voz del famoso *Carrusel deportivo* de la cadena. En ese momento no se escatimaba en recursos para montar este tipo de narraciones, que tenían sus propias melodías y voces (trabajaban en ellas, también para completar ingresos, los miembros de Aguaviva). A diferencia de la música para adultos, la orientada al público infantil debe tener estribillos más predecibles, algo que no sea preciso entender, que inmediatamente se pueda usar. La estructura que prima, por tanto, es una armonía con dominante, subdominante y tónica. Esto está introducido en el subconsciente de los más pequeños para que conecte de manera instantánea con esa melodía. El cuento puede ser triste o alegre y la música ha de aproximar al oyente a esas emociones.

También hacía adaptaciones o traducciones de canciones extranjeras para difundirlas en España. Adaptaba desde temas más o menos intelectuales, como «Dirladada», de Dalida, hasta la muy popular «Es una lata el trabajar», con la que Luis Aguilé taladró la mente de varias generaciones de españoles y se sigue cantando con resignación. Una de mis últimas composiciones fue «Bandolera», para un grupo de rock andaluz llamado Tartessos que tenía buena factura y prestigio, aunque escasa popularidad. La escribí de un tirón y ellos la interpretaron de forma brillante. Fue una de mis últimas canciones y me encanta.

En esta dinámica de trabajo feroz, me quedaba casi toda la noche en los estudios de grabación con Pepe, y mal dormía por las mañanas. Estaba agotado. Para rematar, la Cadena SER vendió Discos Acción a Ramón Rato —el hermano del que fuera vicepresidente del Gobierno del PP con José María Aznar, Rodrigo Rato—. De repente, pasé a reportarle a él y no me gustaba nada cómo trabajaba. En ese contexto, Katia me anunció que estaba embarazada de nuestra primera hija, Vanessa, y me dejé seducir por la famosa llamada al campo que muchos tuvimos en esa época. Era muy habitual, por ejemplo, que los cantautores fuéramos a dar recitales a pequeñas aldeas. Así que me imaginé viviendo tranquilo en contacto con la naturaleza, cuidando de mi hija y escribiendo bellas melodías.

En esa época estábamos imbuidos por el idealismo del altruismo y la solidaridad. Había tanto que cambiar y esa generación hizo tanto que solo nos frustrábamos por la velocidad de los cambios. Pese a que no teníamos dinero, sentía que mis necesidades materiales eran muy pocas y colmaba mi intelecto con una misión histórica: evitar la albanización* de España.

Había convencido a Katia de comprar un apartamento en Motril, una localidad granadina cuyos paisajes y puestas de sol me recordaban a Río de Janeiro. En uno de nuestros viajes a aquella bella tierra conocimos a un alemán adinerado que venía de Chile. Veía como una amenaza al régimen de Salvador Allende y

* Aislamiento internacional a la manera de la República Socialista de Albania.

nos dijo que la tierra de esa zona de Andalucía era ideal para cultivar aguacate, un fruto que ni yo ni nadie en España conocía. Me explicó que era muy rentable: tardaba unos tres años en dar fruto, pero cuando lo daba aguantaba muchísimo tiempo en estado óptimo, de forma que no había prisa por recoger la cosecha. Esta maduración retardada le hacía soportar muy bien los viajes para la exportación. Él compró varias hectáreas en Almuñécar y Katia y yo decidimos cambiar el apartamento que teníamos en una torre de pisos en la playa de Torrenueva por unos terrenos que bautizamos como Rancho Chico.

El alemán también se encargó de comprar plantas de la variedad Hass en Guatemala y México. Llegaron por barco y le pedimos a un profesional valenciano que viniera a hacer los injertos. Todos los vecinos de la zona se reían de nuestro experimento, porque no vimos un fruto durante los tres primeros años. Creían que no lo daría nunca. Medio siglo después es uno de los cultivos más habituales en la zona.

Cuando los aguacates comenzaron a nacer, aposté por dedicarme en exclusiva al campo y la agricultura. Como nos faltaba dinero por todas partes para emprender esta nueva vida, Katia le vendió a mi madre la casa de Ferrer del Río, y comenzamos a construir lo que sería una vivienda muy básica en Rancho Chico, una de esas casitas que dibujan los niños con una puerta, dos ventanas, un tejado y un gato. Al principio hasta la hicimos con nuestras propias manos. Vivir solo de los aguacates era muy difícil y, un poco a salto de mata, diseñamos una vida de temporeros. Abrimos una hamburguesería en la playa de Torrenueva, Picnic, con la que intentábamos ganar lo suficiente en los meses de julio y agosto para mantenernos el resto del año.

Durante el primer verano, la regentaron Katia y mi hermano Luis. Nuestro producto estrella era el pollo asado para llevar. Eché cálculos y me di cuenta de que los pollos en abril estaban mucho más baratos que en agosto. Así que ese mes compré unas tres mil unidades y, tras llegar a un acuerdo con el vendedor, me los guardó congelados sin coste. En los meses de máxima demanda, les iba dando salida a precio de temporada alta. El turismo de la zona era local y barato, dominado por las amas de casa, que en realidad no veraneaban porque se pasaban las vacaciones cocinando. Nosotros les facilitábamos la vida con aquellos pollos asados y patatas fritas listos para llevar. Les vendíamos tiempo para disfrutar de la playa con los niños.

Cuando contaba a mis amigos de Madrid el plan de negocio, se partían de la risa. Martín Blanco creía que realmente me había vuelto chiflado. En invierno, con Picnic cerrado, nos íbamos a hacer la temporada a los Alpes suizos. El padrastro de Katia tenía una cantina en una estación de esquí, un negocio muy lucrativo porque atiende a un mercado cautivo de deportistas hambrientos. En la primavera de 1974, alargamos nuestra estancia para que naciera en Suiza nuestra primera hija, Vanessa, una niña muy deseada.

En esta trepidante dinámica de los pollos, los aguacates y el esquí en invierno, me quedé, por supuesto, sin tiempo para componer. De nuevo no tenía tiempo para nada. Supongo que lo debí reconocer en algún momento, pero estaba empeñado en triunfar con esta vida alternativa y seguí trabajando, sin descanso ni atender a razones, por aquel sueño de vida bohemia.

De alguna forma, secuestré a Katia, que no sentía ninguna conexión con aquel plan ni con mi yo campesino. En un descanso de ese pluriempleo frenético, se fue con la niña a ver a su familia a Suiza y nunca regresó. Su marcha me abrió los ojos, y vi el sinsentido: éramos unos intelectuales urbanos vendiendo hamburguesas. Durante años había estado obcecado en defender a ultranza la posibilidad de vivir del campo, en plena naturaleza, próximo a la montaña y al mar, llevando una existencia muy sencilla. Creí que era posible, pero estaba equivocado.

Sin Katia ya no quise seguir en el proyecto ni quedarme solo en Motril. Así que, unos cuatro años después de haberme ido, regresé a Madrid. Por si quedaba algún rescoldo de aquella vocación rural, mi sueño de granjero quedó sepultado un par de décadas después por la Autovía del Mediterráneo. Nos expropiaron la casa y sus aguacates yacen debajo del asfalto.

Regresé a Madrid hundido y temiendo que ya nadie en la industria musical se acordara de mí. Para mi sorpresa, varias discográficas se pelearon por tenerme. Entre ellas destacó el director general de la casi recién llegada multinacional estadounidense CBS, Tomás Muñoz. Lo había conocido brevemente cuando tuvimos el éxito de «Poetas andaluces». Él era cordobés y le había gustado mucho lo que habíamos hecho con el poema de Alberti. CBS era muy fuerte en el repertorio internacional y se estaba expandiendo para crear un catálogo propio en España. Poco antes de entrar yo en plantilla habían fichado a Miguel Bosé y, a los pocos meses, ya en 1978, se hizo el millonario contrato de Julio Iglesias.

Hasta aquel momento yo había sido muy antimultinacional, pero tuve interés por conocer cómo era una por dentro. «Quién sabe», pensé, «quizá son más honradas que las pequeñas empresas locales». Después de años de ver cómo robaban, incluso con doble contabilidad, descubrí que las multinacionales mentían, pero menos.

Muñoz era un personaje complejo. Como nos habíamos conocido con anterioridad en mi faceta de artista, me autorizaba el tuteo. Nos llamábamos por el nombre de pila, pero el resto de la compañía lo trataba de usted. Esto despertó, desde el principio, muchos recelos en los demás compañeros. Él se había rodeado de una cantera de chicos muy jóvenes que luego conformaron la llamada escuela de Tomás Muñoz, entre ellos José María Cámara, José Luis Gil y Aurelio González. Como yo era de los pocos que hablaban inglés y francés, me nombraron director artístico de director de Internacional. Era fácil ver que el resto, sobre todo José María Cámara, se ponía tenso de celos al escuchar que yo llamaba a Tomás por su nombre, así que le propuse revertirlo y tratarnos de usted. Me respondió que eso era una falta de naturalidad y que siguiéramos con el tuteo. Esa forma de marcar las distancias entre yo y los otros pasó factura al ambiente en la oficina.

Uno de mis primeros proyectos en CBS fue producir un disco en directo, grabado por Los Panchos en Madrid para revitalizar su repertorio, que estaba algo oxidado, al igual que sus ventas. Alquilé un piano bar y le pedí a mi hermano José Ramón que viniera con su pandilla a hacer una especie de coros naturales. José Ramón y sus amigos siempre habían sido muy cantarines y yo sabía que Los Panchos sonaban en sus encuentros. Preparé con cuidado el improvisado escenario para que, aunque mantuviera la frescura del directo, el sonido se grabara a la perfección. Muñoz vino en cierta forma a supervisar la operativa, y se quedó sentado con el ceño fruncido y a disgusto durante la actuación. No creía para nada en el resultado. Cuando escuchó el disco una vez mezclado, finalmente lo impresionó para bien.

Yo no estaba muy convencido de que mi sitio estuviera en CBS, pero la compañía decidió mandarme a representar a la oficina de España en sendas convenciones en Miami y en Nueva Orleans. Muñoz, en aquel momento, no hablaba ni una palabra de inglés. En la convención de Miami me pusieron, de alguna forma, como ayudante del jefe de Marketing para Europa, el francés Alain Levy, que quiso que yo tradujera parte de su intervención al español. Pasamos mucho tiempo juntos, congeniamos, y vio claro que me quería junto a él en la oficina de París. Muñoz se resistió todo lo que pudo, pero, ante la llamada de su jefe, Peter de Rougemont, no tuvo otra opción que ceder.

Creo que no llegué a reportar a Muñoz ni un año completo, pero lo recuerdo como un brillante mentor que me dio la oportunidad de entrar en una multinacional e iniciar mi carrera como ejecutivo. Con él aprendí muchísimo. Era un líder natural y ejercía una autoridad que embriagaba a su equipo. Tenía buen gusto musical y, sobre todo, mucha intuición. Sus dotes como directivo modernizaron la industria musical española y bajo su abrigo se lanzaron algunas de las mejores carreras de cantantes en el país.

No es más hondo el poeta en su oscuro subsuelo
encerrado. Su canto asciende a más profundo
cuando, abierto en el aire, ya es de todos los hombres.

Rafael Alberti (1951),
musicado por Manolo Díaz (1970)

El desarrollo conceptual de Aguaviva introduce a Manolo Díaz en una nueva fase de su periodo como creador. Después de inventar el fenómeno de Los Bravos, genera un grupo en el espectro contrario, anticomercial y elitista, que también termina siendo una muestra rompedora en la historia de la música en español y de culto.

Aguaviva es un movimiento coral en el que, al contrario que en Los Bravos, sus componentes son íntimos amigos, y se mueven al unísono como una familia. Ya septuagenarios, continúan reuniéndose, pasan fines de semana en casas rurales para cantar juntos y hasta se suben de cuando en cuando a algún escenario para revivir los que recuerdan como los mejores años de su vida. Uno de los miembros fundadores es Juan Carlos Ramírez, en aquel momento estudiante de Telecomunicaciones, parte del núcleo duro que se reunía en la iglesia del Espíritu Santo. El estudio de sonido que montó Ramírez años después ha sido la referencia en España para cine y televisión.

La comunidad del Ramiro de Maeztu estaba copada por los intelectuales singulares de la época. Ramírez recuerda con especial cariño a Jimena Menéndez Pidal, fundadora del Colegio Estudio y una de las pensadoras más relevantes del mundo de la educación. A pesar de su exquisita formación, los feligreses no se veían exentos de visitas de miembros de los Guerrilleros de Cristo Rey —un grupo parapolicial ultraderechista—, que los esperaban a la salida de misa para corregir sus actitudes. Hasta el cura terminaba cobrando alguna vez. Aquel foro también vio nacer a la Unión Militar Democrática (UMD), y el párroco, Luis Sánchez Torrado, dio amparo a las reuniones de estos militares, disfrazándolas en ocasiones de ejercicios espirituales. El papel que tuvo este grupo en la Transición sale reflejado en la serie *Cuéntame cómo pasó*, en la que Juan Carlos Ramírez trabajó como ingeniero de sonido. En el capítulo 13 de la segunda temporada, se retrata a aquel grupo de jóvenes universitarios cantando en las misas e introduciendo ese halo de modernidad en la Iglesia española. Entonaban «La juventud tiene razón», de Manolo Díaz, y Ramírez tuvo que ponerse un disfraz de cura para liderar a los actores, que no acababan de pillar el tono en los ensayos.

A la diócesis de Madrid le llegaron quejas del papel que estaba teniendo la iglesia del Espíritu Santo en el proceso democrático. Poco después le entregó la tutela al Opus Dei, que la gestiona en la actualidad.

El coro del Espíritu Santo era el principal foco de contacto de los miembros de lo que terminaría siendo Aguaviva. «Nos enganchábamos unos a otros como las cerezas», recuerda Ramírez. En esos primeros compases, el grupo era totalmente amateur. Había integrantes menores de edad, como aquellas hermanas conocidas como «las Pololas», y se movían en un código muy libre e improvisado. Ramírez pasaba mucho tiempo en casa de Manolo, al que en ese momento seguía con fascinación.

Uno de los primeros conciertos del Aguaviva todavía informal se hizo en un pabellón de deportes de Pamplona, con un

Julio Iglesias y Manolo Díaz a finales de los años setenta.

Entregándole el disco de oro a Raffaella Carrà por *Raffaella 78*, en Roma, 1979.

Con Los Panchos, en 1978.

Manolo Díaz.

Cruz Martínez y Manuel Ángel Díaz con sus hijos José Ramón, Luis y Manolo.

Portada de *Los Sónor y su super-twist* (1962). De izquierda a derecha: Manolo Díaz, Joe González, Manuel Escobar y Carlos Guitart.

En la barcaza en la que realizaba su trabajo en Liberia, África Occidental, en 1962.

Los Polaris. Manolo Pallarés, Manolo Díaz y Ele Juárez en el festival Hispano Portugués de Aranda de Duero, en 1965.

Con Tony Martínez, de Los Bravos.

Con Manolo Pelayo y Massiel tras ganar el Premio de la Crítica en el Festival de Mallorca, en 1966.

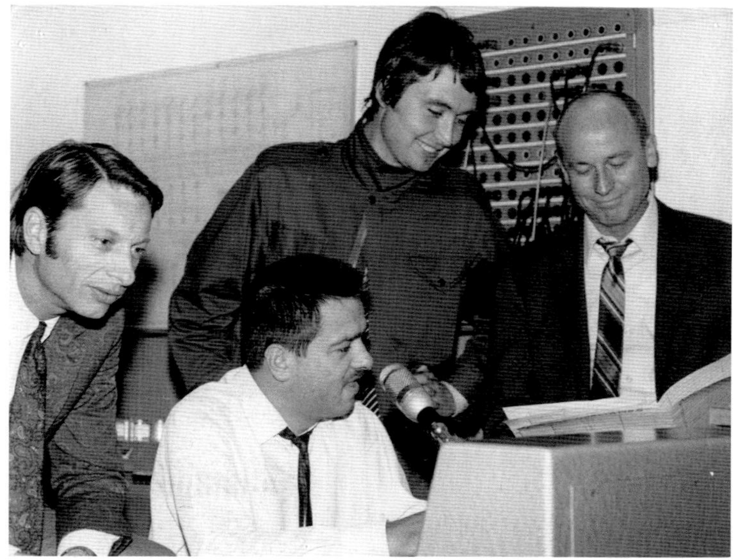

Alain Milhaud (productor), Francis Miannay (ingeniero de sonido), Manolo Díaz y Jean Bochety (orquestador) en los estudios Barclay, en París, durante la grabación del álbum *Retablo.*

Material promocional de *Retablo* (1967). (Pedro Antonio Martínez Parra)

Augusto Algueró junior, un invitado, Carmen Sevilla, Manolo Díaz, Augusto Algueró padre y Alain Milhaud en el festival de Río de Janeiro (1967).

Retrato publicado en el disco *A Divided Family* (1972), de Manolo Díaz. (Autor desconocido)

De izquierda a derecha: Manolo Díaz, Luis Maldonado, Félix Arias, Diana Durán, José Antonio Muñoz, Luis Sánchez Torrado, Ricardo Cantalapiedra, Carmen Serrat y Paco Alburquerque.

Los integrantes de Aguaviva (entre ellos Manolo y Luis Díaz) se reúnen en 1970 en Portugal con el secretario de Estado de Información y Turismo, Cesar Moreira Batista, y el director general de Cultura Popular y Espectáculos, Antonio Caetano de Carvalho.

Aguaviva en sus inicios, con Luis y Manolo Díaz detrás a la izquierda.

Con Nick Cirillo (presidente de CBS para América Latina), José Luis Rodríguez (El Puma), Dick Asher (presidente de CBS internacional) y Héctor Masseli (mánager de El Puma) durante la firma del cantante con CBS (1981).

Con Tomás Martín Blanco, Roberto Carlos y Tomás Muñoz a principios de los años ochenta en Río de Janeiro.

Con Julio Iglesias y Roberto Livi (productor) en los estudios de grabación.

Durante una visita de Miguel Bosé a su casa de Miami, en 1983.

Con el maestro Manuel Alejandro.

Con Tomás Muñoz, José Luis Perales y José Luis Gil en 1986.

De pie: Manolo Díaz, Luis Salomón, Bernardo Bonezzi, Miguel Ángel Arenas «Capi», Pedro Almodóvar, Rafa Monleón, Kika Frainz, Juan Sánchez y Javier Pérez-Grueso. Abajo: Pepe Patatín, Antonio Alvarado, Lola Sordo, Antonio Banderas, Cossío y Rafa el peluquero. En la terraza del Teide, 1984. (© Herederos de Pablo Pérez-Mínguez P.P.M., VEGAP, Barcelona, 2024. Comunidad de Madrid – Archivo Regional de la Comunidad de Madrid. ES.28079.ARCM//1.0170389/1)

Con Ana Belén, que recibía un disco de oro por *A la sombra de un león*, y Víctor Manuel, en 1988.

Simone Bosé, Manolo Díaz y Adrian Voguel entregan un cuádruple disco de platino a Michael Jackson por *Bad*, en el estadio Vicente Calderón en 1988.

Durante la firma del contrato de Carlos Cano con CBS, en 1987.

Durante la entrega de un disco de platino al dúo Pimpinela en Madrid, en 1990.

Con Luis Cobos y Fernando Muñoz, cruzando el paso de cebra de Abbey Road en 1985.

Con Alain Levy y Barry Gibb (de los Bee Gees) a principios de los años noventa.

Con su esposa, Rose McVeigh, en los ochenta.

La familia Díaz (Manolo, Rose y sus hijos Tamara y Rodrigo) en un encuentro con Jon Bon Jovi en los años noventa.

Manolo con sus hijos Vanessa, Tamara y Rodrigo.

Con Carlos Vives.

Con Emilio y Gloria Estefan, y Becky Villaescusa.

Con Luis Fonsi en un evento de la Fundación Cultural Latin Grammy, en 2015. (Rodrigo Varela/Getty Images)

Con Juanes en 2004. (Rodrigo Varela/Getty Images).

Sir George Martin, Bebo Valdés, Manolo Díaz y Ennio Morricone, miembros del claustro de las artes de la Universidad de Alcalá (2001). (Universidad de Alcalá)

Junto a Melendi en los pasillos del estadio Carlos Tartiere (Oviedo), antes de presentar el himno eventual del Real Oviedo, «Volveremos», en 2006. (Mario Rojas)

Manolo Díaz, pregonero en las fiestas de San Mateo (Oviedo), en 2007. (Mario Rojas)

Con Enrique Iglesias durante la presentación de su beca de la Fundación Grammy Latinos en 2015. (Gustavo Caballero / Getty Images)

Junto a Gabriel Abaroa, en plena inmersión del programa Latin Grammy en las Escuelas en Puerto Rico (2014). (Gladys Vega/Getty Images)

Ramón Arcusa (del Dúo Dinámico), Manolo Díaz y Danny Daniel en Miami.

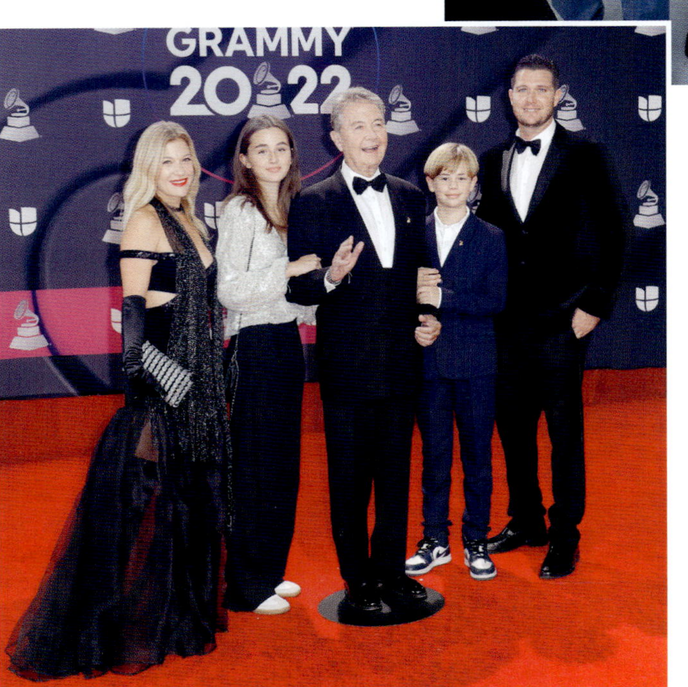

De izquierda a derecha: Tamara Díaz (hija), Emily Schiller (nieta), Manolo Díaz, Nicolas Schiller (nieto) y Rodrigo Díaz (hijo) en la gala Latin Grammy 2022 (Las Vegas) donde recibió el Trustees Award por su contribución tan significativa a la música latina durante su carrera. (Frazer Harrison / Getty Images)

inesperado llenazo. Alarmado por el contenido del repertorio, el gobernador civil llamó a Juan Carlos y a José Antonio Muñoz. Ambos convencieron a las autoridades de que suspender el espectáculo, con aquellos miles de espectadores esperando, desataría un escándalo público mucho mayor y le propusieron dejar fuera algunos de los temas. El gobernador decía: «García Lorca, fuera. Celaya, fuera. Blas de Otero, fuera. Uy, Alberti, ese es el peor de todos. Fuera». Obviamente, tachó todos los nombres del listado. Pero, al mismo tiempo, por un walkie-talkie le iban diciendo que el ambiente en el pabellón se estaba caldeando y que la policía no sabía cómo actuar. Los dejó ir con la condición de que tocaran diez canciones y, desde luego, no a ese tal Alberti. Ante el calor de aquel público apasionado, la banda se envalentonó y terminaron sonando los «Poetas andaluces» ante los ojos atónitos de los representantes del Movimiento.

Manolo nunca se subió al escenario con el conjunto, que pasaba meses de gira y que tenía en la representación plástica uno de sus puntos fuertes. Además, Pepe Nieto se incorporó para elevar su calidad musical, convirtiendo a Aguaviva en una referencia en Europa que sigue siendo objeto de estudio en tesis musicales. «Manolo me llamó y me puso en contacto con aquel grupo de gente que era totalmente nuevo para mí», explica Nieto. «Un puñado de universitarios, de intelectuales... Han terminado siendo mis mejores amigos hasta hoy».

En Discos Acción dieron total libertad a Díaz para fichar y promocionar a artistas, y el resultado fueron cantantes y grupos atípicos. «Hacíamos locura tras locura», confiesa Nieto, que cree que con los criterios posteriores que adoptó la industria de la música no hubiera sido posible iniciar ninguno de aquellos proyectos. «Manolo tenía una enorme capacidad de dar con lo novedoso, de arriesgarse, de hacer cosas que no se habían hecho nunca», reflexiona. En opinión de Katia, su pareja entonces, uno de sus principales rasgos es que era increíblemente emprendedor. Su mente estaba en continua ebullición, y lo mismo tenía ideas de cómo musicar a Lorca que de comprar pollos congelados para sacarles más rentabilidad.

Luis Gómez-Escolar ve en Manolo cualidades muy difíciles de encontrar en una sola persona: talento social, sentido del humor, presencia y energía. Con ese entusiasmo, convencía a sus allegados de embarcarse en los proyectos más disparatados. De esa época tan creativa, Luis lanza un consejo para quienes se quieran dedicar a la industria de la música. «Solo haz las cosas en las que creas, no sea que vayas a tener éxito con algo que no te guste».

Manolo y Pepe Nieto ejercieron como productores de varios grupos en una época en la que no existía esa profesión. Encontraban a los artistas, les preparaban un repertorio, atendían la grabación y las mezclas... Hacían el proceso de producción completo de cada uno de sus fichajes. Nieto es el artífice del éxito de Vainica Doble, de las que lamenta que no fueron especialmente apreciadas en su momento, pero luego fueron capturadas por la movida como un icono y de ahí pasaron a la denominación de dúo de culto. El reconocimiento vino casi dos décadas después, con sus protagonistas ya desaparecidas.

Aunque Tomás Martín Blanco era uno de los ideólogos de Discos Acción, la promoción que se hacía en *Los 40 principales* y en otros medios de Prisa de los grupos del sello era, en algunos casos, tibia, según recuerda Nieto. El laureado compositor también piensa que en la actualidad solo se invierte en los artistas que se van a promocionar, un declive que comenzó a mitad de los años ochenta. La música se ha terminado envolviendo de un aura impersonal.

Las apariciones en los medios nacionales controlados por el régimen, especialmente en TVE, eran excepcionales. Por eso, Aguaviva se termina volcando más en sus giras por el extranjero que en España. En las galas fuera es presentado como un conjunto «perseguido por Franco», y se crea una leyenda de grupo maldito que espolea las ventas y el éxito en el resto de Europa, que va más allá del periodo en el que colabora Manolo. Los miembros originales de Aguaviva continúan siendo muy amigos, y prefieren no hablar de los problemas internos ni de las razones que propiciaron la marcha de Manolo, pero lo cierto es que hubo un núcleo duro que exigía mucha más entrega al proyecto y eso acabó distanciando a algunos de sus integrantes.

José Antonio Muñoz falleció con apenas cincuenta y un años en 1993, tras haber impulsado otros proyectos, como la Compañía Nacional de Danza. En una conversación con el periodista Jesús Ordovás, glosaba a mediados de los ochenta el nacimiento y evolución del grupo, y de forma muy gráfica expone cómo se elevó el grado de compromiso.

«Aguaviva nació tímidamente entre un grupo de amigos que querían hacer de su voz arroyo por donde corriera libremente "la voz antigua de la tierra". Y así empezó a manar. Y aquello que empezó siendo estrecho riachuelo va siendo ya caudaloso afluente que rompe con fuerza sus propios obstáculos. [...] Al principio era un grupo que cantaba. Más tarde le pareció poco la mera expresión musical. Sintió que había que hacerse comunidad para poder mantener, por encima de los intereses de quienes la rodeaban, su propio manar y correr naturalmente».

Manolo apadrinó otros proyectos singulares durante estos años, como el de Paulo de Carvalho. También le produjo a Ricardo Cantalapiedra el disco *Once canciones*. Aunque lo hace en el sello religioso Pax, no se libran de la censura. De pasado seminarista, Cantalapiedra era un trovador pacifista y una figura imprescindible de la noche madrileña. Columnista habitual de *El País*, se convirtió en un excelente cronista de los avatares musicales del barrio de Malasaña.

Tras esta etapa de intensa creatividad —que discurre entre 1969 y 1973—, cuajada de cuentos radiofónicos, adaptaciones musicales y *jingles* para publicidad, Manolo terminó yéndose a plantar aguacates. Su círculo más cercano discrepa en cuanto a las razones que lo empujaron a tomar aquella decisión. Katia lo recuerda agotado, sin dormir en toda la noche y pasando los días en los estudios de grabación. Pero Teddy Bautista cree que también necesitaba airearse del ambiente asfixiante del Madrid de aquella época, sumido en una represión e inestabilidad constantes en los estertores del régimen.

Aunque la Transición ha sido tantas veces retratada de forma idílica, fueron años muy convulsos y de alto voltaje. Vanessa nace en el mes de la Revolución de los Claveles en el país vecino, mientras el estado de salud del dictador Francisco Franco empeoraba notablemente y el rey Juan Carlos se estrenaba como jefe de Estado en funciones. El ambiente en la capital era opresivo.

La decisión fue, sin duda, una mezcla de muchos factores y supuso una ruptura en la trayectoria profesional de Manolo. Tuvo importantes consecuencias familiares, como su separación, pero muy pocas profesionales. Su círculo la recuerda como una anécdota puntual, una rareza más que da color a su polifacético carácter, pero con escaso impacto. La muestra es que, al regresar, fichó rápidamente por la multinacional CBS, una decisión que marcó un punto de inflexión: pasó a ser un directivo de la industria y abandonó radicalmente su papel como compositor y músico.

«Me hubiese encantado que mis padres siguieran juntos. Por otro lado, me pregunto: ¿qué habría sido de la carrera profesional de mi padre si mi madre no se hubiese marchado? ¿Hubiese conseguido tanto y llegado tan lejos profesionalmente sin ese disparador?», reflexiona su hija Vanessa. El dolor de la separación fue un catalizador de su trabajo durante años.

Su último proyecto como cantautor, *A Divided Family*, ha quedado como una rareza de coleccionista, al ser posiblemente el único LP censurado por completo en España. Para Fernando González Lucini, uno de los mayores expertos en música española, el disco es «extraordinario». A Lucini le gusta en especial la letra de la canción dedicada a Hitler:

I've seen the best minds of my world
destroyed by madness mad,
destroyed.
Writing Mein Kampf, *smoking rubbish*
in the supernatural darkness
of towns.
I've seen the clever ones, who make
a fire of people shake,
a hell.
And the stupids follow them
to make this world a play,
*a play.**

«No se propuso la creación de un disco defensor o crítico de una ideología determinada o de una corriente concreta —fuera de izquierdas o de derechas—. Su planteamiento era fundamentalmente apolítico, entendiendo la política como el ejercicio incontrolado, ciego y opresivo de quien ostenta el poder», escribe Lucini en su antología de la canción española de autor.**

En 2024, la familia de Manolo rescató este álbum y lo digitalizó para subirlo a diferentes plataformas de música en *streaming*.

* He visto a las mejores mentes de mi mundo / por la locura destruidas, / destruidas. / Escribiendo el *Mein Kampf*, fumando basura / en la supernatural oscuridad / de las ciudades. / He visto a los más listos, que hacen / vibrar el fuego de la gente, / un infierno. / Y los estúpidos los siguen / y hacen de este mundo un teatro, / un teatro.

** Fernando González Lucini, *Y la palabra se hizo música. La canción de autor en España*, Madrid, Fundación Autor, 2006.

6

Ayer tuve un sueño

Sentí calor al verme allí
y me asombré de lo que vi.

MANOLO DÍAZ (1967)

El día de mi cuarenta cumpleaños volé a Miami desde París. Al salir de la terminal, me encontré a una rubia bastante espectacular con un letrerito en el que se leía «Manolo Díaz». Pensé que era alguien de la compañía que había ido a recogerme en mi primer día, lo que me pareció todo un detalle. En el parking nos esperaba un Cadillac dorado que centelleaba bajo el sol de Florida. Dejé las maletas en el maletero y me senté como copiloto. Las minifaldas estaban de moda y la chica llevaba una muy corta que se subía bastante al sentarse en el coche para conducir. Pensé: «Estos de CBS son la hostia. Vaya tratamiento VIP que me están dando».

La chica me sugirió hacer una parada para comer, antes de llegar al hotel que me había asignado la compañía. El restaurante donde recalamos solo tenía una puerta y, cuando iba a abrirla, cedió sola. Seis camareros, colocados en fila, me cantaron el «Happy Birthday».

La estadounidense se llamaba Ellen Beck, y resultó que este acogedor recibimiento lo había organizado su entonces pareja, mi amigo Yves Hayat, desde París, nada que ver con mis jefes en la discográfica. Hayat, que en ese tiempo era productor de discos, me había sugerido volar en esa fecha exacta, porque así podría alargar seis horas más mi aniversario. Me pareció una idea genial como forma de arrancar en el nuevo puesto como director de Operaciones Artísticas en Latinoamérica para CBS.

Yo ya había estado en Miami en una convención de CBS a finales de los setenta, y me había quedado prendado de la ciudad. La naturaleza, las palmeras, el clima... Veía a aquellos americanos, bien plantados, haciendo lo que se llamaba *jogging* como a cámara lenta. Me dije a mí mismo: «Algún día viviré aquí». Y allí estaba, comenzando mi sueño.

Durante alrededor de dos meses estuve instalado en Sonesta, un hotel en Key Biscayne, que me pagaba la compañía como expatriado. Casi a la vez había llegado también (al mismo alojamiento) Antonio Pérez Solís, el abogado con el que trabajaba en Madrid desde mi época de cantautor, del que he sido amigo y colaborador desde hace décadas.

Katia me trajo a Vanessa para que estuviese conmigo durante ese verano de asentamiento. Acababa de cumplir siete años y aprendió a nadar en la piscina de aquel hotel. Pese a la distancia, siempre hubo un buen entendimiento para que Vanessa pudiera estar conmigo durante los veranos. Pero las despedidas eran, y siguen siendo, durísimas.

Entablé una buena relación de amistad con Ellen, y ella me ayudó incluso a comprar mi primera vivienda en Estados Unidos. Pese a ser un niño de la posguerra, de una familia bastante austera, y sin gustos caros, tener una buena casa me parecía muy importante para esta nueva vida. Elegí una en la calle Altamira, en uno de los mejores barrios de Miami, Coral Gables. Tenía una maravillosa piscina y para pagar la entrada tuve que pedir dinero prestado a varios amigos, como Ramón Arcusa y la propia Katia.

Me hipotequé para financiar el resto del inmueble y también un nuevo coche. No tenía ni idea de automóviles, así que compré el que me pareció más americano, un Buick blanco. En octubre de ese año, los tipos de interés de los préstamos hipotecarios tocaron su máximo histórico en el país, por encima del 18 por ciento. Pese a mi cargo en una buena compañía, durante varios años tuve serias dificultades para llegar a fin de mes.

Ellen parecía querer ligar conmigo. Al fin y al cabo, mi amigo Yves estaba muy lejos, en París, y la suya era una relación que no iba a ninguna parte. Yo no sentía ningún interés en meterme ahí, y empecé a salir con una chica que conocí en la playa, Terry, que tenía un hijo de una relación anterior. Este amorío no le gustaba nada a mi nueva amiga, que me invitó a uno de esos bailes de gala, tan americanos, en los que hay que ir de esmoquin. En este caso era para celebrar el paso a la veintena, algo así como la puesta de largo, de un grupo de chicas. Me dijo que la acompañaría una amiga suya con la que estaba montando una compañía de teatro. «Te vas a caer de culo cuando la veas», me aseguró. Quedamos en que me vendrían a buscar a mi casa de Altamira, y allí conocí por primera vez a la que ya ha sido para siempre el amor de mi vida, Rose McVeigh.

Empezamos a vivir juntos muy rápido, apenas unas semanas después de aquella noche. Ella era actriz y se había criado en Miami. Tenía belleza, talento, honestidad y diecisiete años menos que yo. Su padre era un abogado de origen irlandés y su madre una cubana que había llegado a Estados Unidos en los años cincuenta y trabajaba como agente inmobiliario. La mezcla era maravillosa y explosiva.

Mi ilusión por vivir en Miami y encontrar, casi al llegar, a la mujer de mi vida chocaban a diario con el muro de la ineptitud del jefe al que tenía que reportar: un italoamericano, Nick Cirillo, que no tenía ni idea de la industria de la música, ni de nada en general.

Las labores de mi puesto eran buscar el repertorio, sugerir arreglos, supervisar las grabaciones, velar por el buen funcionamiento del departamento de marketing, asegurar una distribución correcta y vender. En mi equipo estaban los colombianos Daldo Romano y Mario Ruiz, y nuestro mandato era vender mucho, gastar poco y, en general, tener buen rendimiento.

Me reuní con Dick Asher, entonces presidente mundial de CBS, para fijar las prioridades, y él me puso una muy clara: teníamos que replicar el fenómeno de Julio Iglesias y encontrar a alguien que consiguiese vender tanto como él. Me pidió que explorara el mercado latino, incluyendo a los artistas de la competencia, y que robara al mejor que encontrase. Inicié mi búsqueda por el continente y vi algunos potenciales candidatos, como Juan Gabriel, en México, que rechazó de plano cambiar de discográfica. A continuación, recalé en el venezolano José Luis Rodríguez, conocido como «el Puma», y me di cuenta de que ese era un producto perfecto para tratar de lanzar una carrera como la que ambicionábamos.

El Puma era un animal, era como una Raffaella Carrà en hombre, con una voz formidable. Tenía esa impresionante presencia en el escenario que le permitía sacar mucho partido a los conciertos y al repertorio. Además, había oportunidades de «robarlo», ya que su contrato estaba firmado con una pequeña discográfica venezolana que tenía una distribución raquítica. Pese a las limitaciones, había logrado colocar la canción de «Pavo real» en España con bastante éxito.

Para negociar el fichaje, contamos con Norman Stollman, el abogado de la compañía, que llegaba desde Nueva York y no hablaba ni una palabra de español. El mánager del Puma, Héctor Maselli, tampoco sabía inglés (y, para el caso, no tenía ni idea del negocio), así que me pidieron que estuviera presente en la firma para ayudarlos a entenderse. Cuando arrancamos la conversación se hizo bastante evidente que el mánager desconocía lo que era un *royalty* o la estructura misma del contrato discográfico. El abogado comenzó proponiendo lo que calificó de «oferta muy generosa», y que en la práctica suponía que el Puma se quedaría con un 16 por ciento de los ingresos por las ventas de su música.

Maselli no entendió nada de la propuesta, así que se quedaba callado y miraba fijamente al abogado con cara de patata. Estos silencios sacaban de quicio al gringo, que pensaba que era una estrategia de negociación. Su reacción ante la impasividad del mánager era ir mejorando la oferta, mientras este continuaba mirándolo con la misma expresión de póquer. Fue una situación digna del guion de la película de Peter Sellers *Bienvenido Mr. Chance*, en la que un jardinero de la Casa Blanca se convierte en asesor del presidente de Estados Unidos. La ignorancia del mánager del Puma llevó a que la CBS pagara mucho más caro su contrato de lo que habíamos estimado.

El siguiente paso fue convencer a Manuel Alejandro, sin duda el mejor compositor y letrista de canciones en español que ha existido, de que le hiciera el álbum. El genio jerezano tiene un sistema peculiar de trabajo, que se puede permitir por su increíble talento: mientras está ocupado, va generando una enorme lista de espera de peticiones y, una vez que se libera, escoge según su criterio qué proyecto quiere hacer. Pide unos adelantos de cifras astronómicas, que se justifican por la calidad que produce. Luego, tarda varios meses en entregar el encargo. Es un proceso lento, que las discográficas saben que merece la pena. Los grandes cantantes en español tienen un disco con Manuel Alejandro que los sitúa, de alguna forma, en la cumbre de su carrera: Julio Iglesias, Rocío Jurado, Isabel Pantoja, Emmanuel, Raphael, José José y Plácido Domingo son algunos ejemplos. El Puma no podía quedarse atrás.

El gran compositor español le hizo un disco bellísimo, titulado *Dueño de nada*, que gozó de un éxito arrollador en los países de habla hispana. Lo vestimos de esmoquin, para dejar muy claro que no era un «salsero» y demostrar su clase. Con quince millones de unidades despachadas, fue el álbum con más ventas de su carrera. Ese objetivo de facturación se cumplió, pero, a diferencia de lo que ocurría con Julio Iglesias, José Luis no logró romper la barrera del mercado «anglo». Ha sido una estrella clave en la música en español, pero no ha logrado ser un artista global como el madrileño.

Nuestro otro best seller de la época era Roberto Carlos, un artista muy completo que en algún sentido también se podía asemejar a Julio Iglesias. Durante años, elegir entre uno y otro era un poco como decidir entre una Coca-Cola o una Pepsi. Con el *hit* «El gato que está triste y azul» sí logró trascender de los países de habla hispana. Entró en Francia e Italia con fuerza. Era una bellísima persona, pero con un carácter algo complicado por sus supersticiones.

En esa época el que había sido mi mentor, Tomás Muñoz, llevaba la oficina de Brasil de CBS, y eso no solo me facilitó la internacionalización de Roberto Carlos, sino también que Julio Iglesias lograra entrar en Brasil, un país clave para cualquier multinacional. Como ya era habitual, lo hizo cantando en el idioma local, el portugués, y eso le permitió triunfar en este enorme mercado, muy caracterizado por su endogamia con los artistas locales.

Haciéndola coincidir con los Carnavales de Río de Janeiro, Tomás organizó una reunión de trabajo de CBS a la que acudimos muchos ejecutivos de la empresa provenientes de España y de Latinoamérica. Tras el encuentro, fuimos al desfile del Carnaval disfrazados. Yo llevaba un tutú de bailarina. Fueron años de trabajo intenso, pero también de mucha diversión.

Si hasta ese momento las dos plataformas más importantes para dar a conocer a un artista habían sido la radio y los programas de televisión, en los ochenta surgió un nuevo formato imprescindible para una buena promoción, el videoclip, un instrumento, además, muy útil en un continente tan amplio y diverso como el americano. Nos permitió enviar el mismo material a diferentes cadenas de televisión para que conocieran cada nuevo producto, ahorrándonos el coste de desplazar en todas las ocasiones a los talentos.

Al principio, bastaba con tener al artista cantando, incluso en playback, en los programas de televisión, pero los estadounidenses hacían productos audiovisuales con una factura cada vez más sofisticada, así que los latinos también empezaron a soñar con filmes similares. Me arremangué para escribir un guion por primera vez en mi vida. Tomé tres de las mejores canciones del Puma y las hilvané en una historia que titulé «Cartas a Antonio». En ella, él era un padre de familia al que su mujer había abandonado por haberse centrado solo en el trabajo. Con este argumento, se sucedían tres baladas: «Pareces feliz», «Culpable soy yo» y «Ven». Su registro, hasta el momento, había sido más discotequero, y no estábamos seguros de si el cambio sería exitoso, pero lo fue.

La radio seguía jugando un papel muy importante en la promoción, y en esa década se intensificó aún más el ya asentado método de las «payolas», un nombre bajo el que se englobaba cualquier tipo de persuasión para que las emisoras y los DJ pincharan nuestros discos. Muchas disqueras externalizaban estos trabajos. Disponían de empresas subcontratadas en cada mercado local para lo que llamábamos «servicios promocionales», que podían ser más o menos burdos, pero, en muchas ocasiones, consistían básicamente en regalos. En un continente repleto de mercados pequeños, la promoción era ingrata debido a los altos niveles de piratería, pero los artistas latinos sí que hacían las Américas gracias a las actuaciones en directo y a los programas de televisión. Tanto Raffaella como Julio siguieron pegando muy fuerte en esa época.

Otros artistas con los que habíamos firmado recientemente y que lanzamos con fuerza fueron Pimpinela. Pese a que los ejecutivos de la compañía no tenían mucha fe en ellos, vi que lo que hacían tendría muchísimo éxito y les propuse un plan de marketing muy alto. Les hice viajar por toda Latinoamérica con su canción «Olvídame y pega la vuelta», y vendieron cientos de miles de discos. En ese inicio, la división española se resistió a hacerles promoción.

Para lograr ese éxito hay que tener ambición y ser muy trabajador. No todos los artistas lo consiguen, porque les faltan cualidades. Pero los hermanos Joaquín y Lucía Galán eran muy inteligentes y competentes. Él, además, tenía la increíble capacidad de hacer unas telenovelas cantadas que arrasaban. Y se le ocurrió, entre otras cosas, sumar a Dyango en un trío, con lío de cuernos, en la canción «Por ese hombre».

Operar a las órdenes de alguien sin la más mínima capacidad de riesgo (es decir, mi jefe Nick Cirillo) fue un desafío diario, pero afortunadamente el catálogo de CBS era muy potente. En la parte que se conoce como «anglo» teníamos a Michael Jackson, Bruce Springsteen, Billy Joel, Supertramp, The Police, Kansas... Sin embargo, esos artistas no tenían interés por hacer giras en Latinoamérica. Recuerdo que fui hasta Indianápolis a intentar persuadir a Neil Diamond de que aceptara una muy buena oferta para un programa de televisión en México, pero declinó.

Mis costumbres en Miami eran radicalmente diferentes a las que tenía en París. De salir a cenar con Julio Iglesias y otros artistas casi a diario, pasé a tener una vida familiar en la que iba a la playa cada fin de semana y jugaba al ráquetbol (un deporte muy similar al squash) dos o tres veces por semana con el padre de Rose, James J. McVeigh. Mi suegro se convirtió en mi mejor amigo hasta que falleció en 2014.

Como parte de esta nueva vida, a los pocos meses de instalarme en Miami dejé el tabaco. Había sido un fumador tardío. Me inicié en el hábito con casi veinticinco años, tras regresar de Liberia. Cuando trabajaba en los estudios de grabación, en Madrid, durante casi toda la noche, me entretenía encendiendo un cigarrillo con otro hasta consumir dos cajetillas al día. Rose, una auténtica precursora en el movimiento antitabaco, me dijo que lo tenía que dejar. Yo la corté tajante: lo haría cuando encontrara el momento. Este llegó con un terrible catarro que me hacía toser todas las mañanas. Tomé la determinación, y lo abandoné radicalmente de un día para otro sin volver a echar la vista atrás. Cuando asumo estas decisiones intento ser muy consecuente, de otra forma me perdería el respeto a mí mismo.

Pese a esta vida tan familiar, seguía viendo a Julio Iglesias a menudo, ya que nos invitaba a su casa a cenar con frecuencia. La primera vez que se lo presenté a Rose fue una noche que lo recogimos en los emblemáticos estudios Criteria, al norte de Miami, para salir a celebrar que su versión en español de «Begin the Beguine» había alcanzado el número uno en el mercado británico. Un absoluto hito.

Julio se había mudado a Miami después del intento de secuestro de su padre, y fue un visionario en su elección. De alguna forma, sentó los cimientos de aquel Miami latino en el que los grandes artistas en español acabaron por fijar su residencia, en el sur de la Florida, para convertir la ciudad en la capital latina del continente. En Miami estaban los mejores arreglistas musicales y se terminó gestando un ecosistema, con sinergias para la industria y los artistas, que facilitaba el acceso a los mercados de habla en español. Miami le debe mucho a Julio Iglesias.

La ciudad estaba muy bien reflejada en la serie *Corrupción en Miami* (en el original, el más popular *Miami Vice*), el éxito de los ochenta con Don Johnson como protagonista, en uno de cuyos capítulos participó mi esposa, Rose, cuando comenzó a alternar el teatro con incursiones en películas y series.

En 1983, Rose se quedó embarazada de nuestra primera hija en común, Tamara. Celebramos una boda civil en el jardín de casa de sus padres, tan informal que me casé en vaqueros y su hermana Linda ofició la ceremonia.

Pese a que llevábamos una vida feliz y placentera, tener que lidiar con mi jefe Cirillo a diario se había convertido en una auténtica tortura. En un momento, sentí algo que no he sentido nunca en mi vida, que era el deseo no de pegarle, sino de mearle encima. Un sentimiento profundo y concreto, porque me sacaba de quicio. Así que cuando me propusieron ocupar la presidencia de CBS en España, que se acababa de quedar al descubierto, no lo dudé. Conmigo vinieron Rose, Tamara (que tenía apenas cuatro meses) y mi Yamaha Baby Grand Piano. No sería la última vez que cruzaríamos el charco.

Soñé que había libertad
y descubrí amabilidad.

«Ayer tuve un sueño»,
MANOLO DÍAZ

Los tres años que Manolo pasó en Miami dieron un giro a su vida personal. Allí sentó las bases de una sólida esfera familiar, gracias a su esposa, Rose. Pese a su alto nivel de compromisos sociales, muy ligados a la promoción de los artistas que tenía en cartera y a los constantes viajes, Manolo regresó a la calma interior, con este punto de apoyo familiar que ha sido prioritario en su vida.

Rose McVeigh, su esposa, se reveló como un pilar esencial en esta etapa. Rose era muy joven cuando lo conoció, y renunció a su carrera como actriz por él, algo de lo que no se arrepiente en absoluto y que Manolo valora enormemente.

La estadounidense recuerda con precisión fotográfica el día que se conocieron. Fue su amiga y socia, Ellen Beck, la que le propuso ir a una supuesta cita a ciegas de parejas dobles. Ellen estaba muy ansiosa con los preparativos del encuentro, hasta el punto de esforzarse por mejorar el estilismo de Rose, a la que plantó una chaqueta de piel dos tallas menor y estrecha de hombros, antes de llamar al timbre de la casa de Manolo en la calle Altamira. Beck le llevaba a Manolo unos gemelos para el esmoquin que se iba a poner en la fiesta. Cuando él abrió la puerta de su casa, Rose se quedó impactada por el estado de perfección y orden en el que se encontraba todo. «En el suelo había una moqueta de color blanco. Se podían ver perfectamente las marcas de la aspiradora, que había sido pasada de forma geométrica, como los dibujos que se quedan en el césped de los estadios», recuerda.

Manolo las invitó a pasar y, en la zona destinada a la biblioteca, Rose se maravilló con su colección de libros de Federico García Lorca. «Le dije que había interpretado a *Yerma* en el teatro e inmediatamente me regaló una antología, con las obras del granadino, que tenía duplicada. Pero no me regaló el volumen que tenía sin estrenar, me dio el que él había usado, con sus anotaciones al pie. Ese gesto me conquistó», dice Rose.

El enamoramiento empezó ese día y dura más de cuatro décadas. Él ama a Rose por su energía y carácter tempestuoso, y ella lo admira profesionalmente, y respeta la tenacidad y el orden de Manolo. «Cuando lo conocí, dejaba la ropa que se tenía que poner debajo del colchón de la cama para que por la mañana estuviera sin una arruga», recuerda.

Su hija Tamara resalta con admiración esta faceta de extremo orden de Manolo. «De adolescente, les hacía tours a mis amigas por el armario de mi padre para que vieran cómo era de organizado. Tenía unos tarros de cristal en los que almacenaba las monedas por colores. La ropa también estaba colgada por colores. Los zapatos en sus fundas perfectas. Era otro nivel y, al mismo tiempo, no era un maniático, el gusto por el orden no trastocaba su vida», dice su hija, que se dedica al diseño y la moda.

La vida personal de Manolo también estuvo marcada esos años por la falta de dinero. El nivel de los tipos de interés lo tenía totalmente asfixiado y solo con mucha dificultad llegaba a fin de mes. Rose recuerda que, al principio de la relación, la llevó de tiendas a un centro comercial de lujo. Entraron en la boutique de Valentino, y la estadounidense se encaprichó de un jersey que Manolo se ofreció a comprar con el ánimo de impresionarla.

«Cuando pasó la tarjeta de crédito se la denegaron por falta de fondos», se carcajea la esposa.

«Cuando apareció Rose, yo de inmediato la adoré. Era muy joven, y yo la veía como una hermana mayor, porque pasaba horas jugando conmigo en la piscina de Altamira. Esos veranos con mi padre en Miami eran fabulosos», recuerda Vanessa, que disfrutaba de un mes completo con ellos durante el verano.

Estos cuatro años en Miami estuvieron ligados al fichaje y promoción de José Luis Rodríguez, que continúa en activo. Este dice que ya sabía de Manolo por su impecable labor con Los Bravos. Fue muy fácil trabajar con él gracias a su buen oído y acierto a la hora de escoger el repertorio para sus cantantes. El Puma no recuerda ni una discusión con Manolo, que ejercía una gran autoridad en el manejo de su carrera gracias a su extenso conocimiento musical. La decisión de fichar como autor a Manuel Alejandro fue la clave de su triunfo internacional. «Manuel Alejandro modificó el tono de voz que yo tenía en Venezuela, me cambió la forma de cantar», recuerda el venezolano.

El Puma logró un tremendo éxito en los países de habla hispana, y en el mercado latino cumplió con creces las expectativas de la compañía. Solo se le resistió Brasil, donde a pesar de haber grabado dos discos en portugués, no terminó de romper. Él mismo descubre los motivos: «Para promocionar en aquel país tan grande y variado, me tenía que mudar allí una época. Eso suponía desatender mis otros mercados latinos. Al final, tomé la decisión de no hacerlo».

Al Puma y a Julio Iglesias se les atribuye una rivalidad espoleada por la leyenda y el éxito comercial. Pero José Luis no la ve como tal. Él solo tiene palabras buenas para su colega, que se ofreció a que hicieran juntos una canción que se llamaba «Torero», de Manuel Alejandro, y que fue un pelotazo de ventas en 1992, lo que aún dinamizó más la carrera del venezolano.

El Puma también se trasladó, en aquellos primeros ochenta, a vivir a Miami, cuando comenzaba a despuntar como capital estadounidense de lo latino y se estaba convirtiendo en un imán de atracción de talento e inversiones de lo relacionado con el español. Aquel Miami era el centro de operaciones de los narcos.

Mario Ruiz, ejecutivo de CBS y, posteriormente, de EMI, recuerda que su primera entrevista de trabajo con Manolo tuvo lugar en el hotel Mutiny, que durante el día era el club de moda para las reuniones de negocios de los ejecutivos y por la noche era el centro de convenciones de los narcotraficantes. En cuanto se ponía el sol, el restaurante del hotel se convertía en discoteca para marcar más aún el cambio de ambiente. En cada mesa había un teléfono, algo inédito para la época. Allí convivían deportistas, políticos, artistas y narcotraficantes con fluidez. La atmósfera del Mutiny se recrea a la perfección en la película *Scarface* de Oliver Stone, solo que allí lo hace bajo el nombre de club Babylon.

Mario Ruiz forma parte de esa generación de latinos que fueron criados ya desde niños en Estados Unidos, por lo que son totalmente bilingües y están perfectamente conectados a sus dos mundos. Una generación singular (para la que el matrimonio Estefan, Gloria y Emilio, era una referencia musical absoluta), gracias a la que poco a poco las letras en los dos idiomas y esa idiosincrasia particular van tomando forma y dominando el mercado. La cultura latina de Estados Unidos es una cultura propia y no funciona con los mismos códigos que la iberoamericana o la estadounidense. Aún se estaba aprendiendo cómo lidiar con aquel fenómeno emergente, y las discográficas experimentaban sin un criterio muy claro.

Emilio y Gloria Estefan habían llegado de Cuba cuando eran unos niños, y se habían criado de manera indistinta en español y en inglés. La discográfica CBS les hizo un contrato para que cantaran en inglés, pero ellos querían hablar como sus amigos, en los dos idiomas. Así que propusieron a la cúpula directiva de la discográfica, en Nueva York, comenzar a introducir español en sus canciones en inglés, algo que en un inicio fue rechazado por la compañía. «La parte americana no nos apoyó nada. Afortunadamente, tuvimos gente como Manolo, con una visión internacional del negocio», dice Emilio Estefan.

Manolo también ayudaba con la promoción de los artistas firmados en Estados Unidos en otros mercados. Llamó a su amigo Pierre Sissmann, que se había quedado con su puesto de desarrollo internacional en Europa, y le pidió ayuda para promocionar «Dr. Beat», el single de Miami Sound Machine, el grupo de los Estefan. Con la ayuda de su colega, el sencillo logró ascender al número uno en Países Bajos y colarse en el *top ten* de varios mercados del viejo continente. Con ese éxito internacional, muy superior a cualquiera de los que habían logrado cosechar en Estados Unidos, los Estefan se cargaron de motivos para continuar su apuesta por la música mestiza e híbrida.

Un año después, cuando Manolo aterrizó en Madrid como presidente de CBS en España, logró otro triunfo increíble con la canción «Conga», gracias a que la colocó como tema oficial de la Vuelta Ciclista a España 1986. Ese éxito apuntala su relación con los Estefan, marcada, además, por el hecho de que Gloria y Rose habían estudiado en el mismo colegio, por lo que las amigas comunes —como la doctora Aileen Marty— se encargaron de consolidar la buena sintonía.

«Manolo tenía una clase increíble, y nos ayudó a que se tratara con respeto la música latina en Estados Unidos», recuerda Emilio Estefan, que luego ha sido productor de estrellas tan importantes como Shakira, y un aliado indispensable de Díaz en la gestión de la Academia Latina de la Grabación. «Él trataba con increíble amabilidad a los artistas, y eso los llevaba a sacar lo mejor de sí mismos», reflexiona el productor afincado en Miami.

Como siempre había hecho, en Miami Manolo delega mucho en su equipo de CBS, sobre todo en Mario Ruiz y Daldo Romano, para impulsar la globalización del amplio catálogo de artistas de la casa. Se reservaba, eso sí, atender de forma directa a Julio Iglesias y el Puma. También había forjado una relación muy estrecha y cercana con Miguel Bosé, a quien asesoró en el cambio de estilo que terminaría provocando la salida del cantante de la discográfica CBS.

Mario Ruiz se encargaba de la promoción internacional del mexicano Vicente Fernández, que era una gran estrella en su país, pero acumulaba pocas ventas en otros mercados. El plan de expansión contemplaba Estados Unidos, Colombia y Chile, y Ruiz lo recuerda como un gran éxito: «Vicente Fernández era parrandero, pero un gran trabajador. Es cierto que se podía acostar a las tres de la mañana por haber salido de fiesta, pero a las ocho era el primero en el lobby del hotel para cumplir con el compromiso que tuviera». Cuando Manolo se fue a España, Ruiz lo reemplazó. Más tarde, trabajaría con Tomás Muñoz en las oficinas de Nueva York. Finalmente, fichó por EMI. Pero no olvida todo lo que aprendió con Manolo en la que fue su primera escuela profesional. «Me enseñó a decir que no a un artista». El exquisito trato con los cantantes era una de las características que distinguía a Manolo del resto.

La guinda exótica de esta breve pero intensa etapa americana la protagoniza el insulso jefe de Manolo, Nick Cirillo. Su hijo Mark, recién entrado en la veintena, pasaba el día en las oficinas, aunque no estaba contratado. En el lobby del edificio Douglas, donde estaban las oficinas de CBS en Miami, también había una filial del banco Barnett en la que, por comodidad y proximidad, la mayor parte de los empleados de la discográfica tenían una cuenta. Un día, sin motivo aparente, Mark Cirillo entró en la oficina de Barnett y amagó con un atraco. Fue detenido de inmediato, y en la oficina el chisme los tuvo en shock durante semanas.

La estancia de Manolo en Miami se acortó de forma algo precipitada, al regresar a España para tomar las riendas de la compañía en Madrid. Pero fue suficiente para asentar un sólido conocimiento sobre la música latina y lo que funciona en los mercados del continente. Esta experiencia será vital para lanzar a artistas como Pimpinela en España y para mantener una relación fluida con las filiales de la empresa a ambos lados del Atlántico, algo que no era tan habitual en esa época.

7

Federico

Presiento un amigo que no conocí,
porque mi principio fue después del fin.

Aguaviva
(MANOLO DÍAZ [1970])

En el invierno de 1985 fui a recoger a Leonard Cohen al aeropuerto de Madrid. No era habitual que como presidente de CBS en España me encargase personalmente de este tipo de bienvenidas, pero tenía mucho interés en hablar con el canadiense: quería proponerle que participase en un homenaje a Federico García Lorca. Me acompañaba Adrian Vogel, director del repertorio internacional, y aquel trayecto de cuarenta y cinco minutos hasta el céntrico hotel Palace me parecía la oportunidad perfecta para que me prestase la debida atención dentro de una agenda apretadísima.

Durante el viaje, le hablé con enorme entusiasmo de Lorca, de su influencia en la generación *beatnik*, de su asesinato el 19 de agosto de 1936 a manos de los fascistas... Leonard me dejó hablar y parecía escucharme, pero, cuando ya estábamos llegando al hotel, me interrumpió diciéndome:

—¿Sabes cómo se llama mi hija?

Pensé que no me había escuchado ni una sola palabra de mi perorata. Le dije con cierta desgana:

—Pues no, no sé cómo se llama tu hija.

Y él susurró:

—Se llama Lorca.

Yo llevaba años rumiando la idea de un disco-homenaje al gran autor granadino y la excusa del cincuenta aniversario de su fallecimiento me pareció el momento ideal para ponerla en marcha. *Poeta en Nueva York*, una auténtica declaración de odio a la Gran Manzana, adonde su familia lo había enviado para alejarlo de sus afectos homosexuales, se había convertido en una obra de culto para la generación *beatnik* estadounidense, capitaneada por un Jack Kerouac en plena forma.

El proyecto que yo tenía en mente era un álbum en el que participasen varios cantautores de distintos países, interpretando en sus lenguas maternas melodías compuestas por ellos mismos sobre la base de los versos del libro. Este poemario de Lorca había sido traducido a innumerables lenguas y probablemente era el más apropiado del autor para apelar a una tribu internacional. Se trataba de un libro agrio, sin rimas y, a la vez, perfecto.

En mi lista ideal de participantes se encontraban los cantautores anglófonos Leonard Cohen y Donovan, los griegos Mikis Theodorakis y Georges Moustaki, los brasileños Chico Buarque y Raimundo Fagner, el italiano Angelo Branduardi, el alemán Manfred Maurenbrecher, el israelí David Broza y los españoles Víctor Manuel, Lluís Llach, Paco de Lucía y Patxi Andión.

En una primera ronda de tanteo todos mostraron cierto interés, pero para asegurar su participación el proyecto debía ser muy atractivo. La mejor forma de conseguirlo era confirmar que contábamos con un líder de consenso al que el resto pudiese seguir. Ese era Cohen. Todos querían estar donde estuviese él, y aceptaron crear melodías para vestir de canción el poemario de Lorca. Mi ambiciosa idea estaba en marcha, pero su ejecución no estuvo exenta de problemas.

Seleccioné para el «cabeza de cartel» el poema «Pequeño vals vienés», que me parecía que le encajaba a la perfección. Era el único poema lírico, el resto tenían un punto heavy metal, que no le iba tanto al artista, más pausado y rítmico. Mi experiencia musicando a poetas en Aguaviva me había afinado el oído para seleccionar este tipo de repertorios.

Durante semanas tuvimos un forcejeo con el poema. Adrian y yo llamábamos a Cohen para ver qué tal iba y él nos respondía que muy mal, que no estaba inspirado, que no se le ocurría nada, y me suplicaba que le mandara una alternativa. Con mis mejores palabras, trataba de convencerlo de que estaba ante el texto ideal para él, y de que tenía que seguir intentándolo. La conversación se repetía de manera recurrente, con el canadiense solicitando un cambio y yo animándolo a perseverar.

Con gente tan talentosa, hay que insistir mucho si se cree en el proyecto. En este caso, puede que lo hiciera incluso más de lo habitual, porque estaba obsesionado con que el disco tenía que salir. Lo importante es que aquella tenacidad dio resultados.

Cohen creó la bellísima canción «Take This Waltz» inspirada en «Pequeño vals vienés». El sencillo fue número uno en España y el álbum *Poetas en Nueva York* vendió más de cien mil copias, alcanzando el disco de platino. No fue un proyecto comercial, tampoco estaba pensado para que lo fuera, pero sí se convirtió en un disco de culto. Desde entonces y hasta su fallecimiento, el 7 de noviembre del 2016, Leonard Cohen cerraba cada concierto con «Take This Waltz», que pasó a formar parte del exitoso elepé *I'm Your Man*. Más tarde fue versionada por otros grandes artistas, como Ana Belén.

Este proyecto fue una rareza, un caso aislado en mi carrera como alto ejecutivo (en esta ocasión como presidente de CBS en España). Mi misión era que la compañía funcionara bien y ganara dinero, sin involucrarme tanto en la creación de producto. Pero tener el control de la empresa me permitió sacar adelante este empeño tan personal y del que estoy muy orgulloso.

Para redondear el álbum le encargué a uno de mis mejores amigos, el pintor Eduardo Úrculo, que hiciera la portada. El diseño de las carátulas es fundamental, siempre he puesto mucho mimo en que los envoltorios sean diferentes y atractivos. Úrculo estaba enamorado de Nueva York, así que lo que entregó reflejaba esa pasión. Se trataba de uno de sus característicos viajeros de espaldas, con sombrero, frente a un reconocible *skyline*. En el reverso, Ian Gibson, el gran biógrafo de Lorca, hizo un breve texto introductorio sobre *Poeta en Nueva York*, el poemario original, mencionando de forma explícita mi impulso para lograr sacar esa obra coral. La pintura de Úrculo pasó a ser propiedad de CBS, que le pagó un precio de mercado al pintor, alrededor de cuatrocientas mil pesetas. Dos décadas más tarde, mi mujer Rose y yo (que somos muy aficionados al arte) estábamos hojeando un catálogo de Alcalá Subastas cuando la vimos a la venta. Pagamos unos trece mil euros y nos la quedamos. Nunca pudimos aclarar cómo desapareció de CBS, en el paseo de la Castellana, y llegar al segundo mercado del arte.

La España a la que había llegado en 1984 poco tenía que ver con la que había dejado para irme a París en plena Transición seis años antes. Era una España vibrante, liderada por un joven Felipe González y con una escena cultural que se abría paso en el mundo. Ante nuestros ojos, el proceso democrático avanzaba lo más rápido posible. Esto también acarreó algunos errores: los quioscos se llenaron de fotos de culos y en las calles algunas personas caían víctimas de la heroína. El ambiente era un poco decadente. Ese progreso y esa explosión de libertad se habían exagerado un poco. Se veía como el comportamiento de un niño pequeño que de repente puede caminar solo.

Logramos engancharnos de alguna forma a los últimos vagones del tren de la movida y, sobre todo, a vivir el ambiente de efervescencia política del momento. La relación con Úrculo era uno de esos anclajes a la cultura y la creatividad de los ochenta. Lo había conocido en la década anterior a través del que ejercía informalmente como su marchante, el abogado Rodrigo Uría. Mi pareja en aquel momento, Katia, le había comprado un cuadro que le pagaba a plazos y nos hicimos amigo del pintor y su agente en la época de Aguaviva. Uría, además, nos conectaba con otros artistas plásticos para musicar sus performances. Recuerdo una instalación en la galería de Juana Mordó, con un artista haciendo una instalación de neumáticos deshinchados colgando por los techos y la música de *Apocalipsis*, de Aguaviva, como telón de fondo.

Cuando regresé como presidente de CBS, retomé la relación con ambos. Rodrigo Uría era el padrino de mi primera hija, Vanessa, y era muy estimulante estar en su círculo de artistas e intelectuales. Traía políticos a las reuniones, como Narcís Serra y otras personalidades del momento. Mediante su recomendación, contraté a un nuevo abogado para la empresa, Carlos Quintana, un ejecutivo muy competente que venía del mundo de la energía y que se terminó convirtiendo también en otro de mis grandes amigos. Quintana se encargó de profesionalizar la gestión de la compañía y le dio el impulso definitivo para que volviera a brillar.

La conexión con la movida más canallesca vino de la mano de la productora de televisión Lolo Rico, que triunfaba los sábados en TVE con *La bola de cristal*. Ella me introdujo en ese movimiento innovador y transgresor cuyo nacimiento yo me había perdido en mis años fuera de España, y me permitió conocer a Pedro Almodóvar y a otros tantos personajes que definieron una época. ¡Yo, que llegué de los últimos, estoy en una imagen del emblemático Pablo Pérez-Mínguez como si fuera parte del grupo nuclear de la movida! Como miembro de la industria cultural, sentía que tenía que estar conectado a esa tendencia, pero en realidad era un mundo muy distinto al que se esperaba de mí como alto ejecutivo. Fue difícil mantener el equilibrio.

Rose hablaba un español precario, así que se apuntó a un curso para extranjeros en la Universidad Complutense de Madrid. De vez en cuando hacía anuncios para la televisión, pero Madrid supuso un tremendo frenazo en su carrera. Fue muy divertido cuando Galerías Preciados —los grandes almacenes que luego se integraron con El Corte Inglés— la eligió para ser la madre modelo española en unas lonas gigantes que tapaban sus centros comerciales. Alternábamos la vida social con la familiar, en la que teníamos una estrecha relación con mi madre, que acudía con frecuencia a nuestra casa para cuidar a Tamara. En 1987 nació mi tercer hijo, al que bautizamos como Rodrigo.

Como presidente de CBS España —con los años pasaría a llamarse Sony—, estaba en la cúspide de la toma de decisiones. Y era la primera vez que dirigía una empresa. Entre las labores de una discográfica se encontraban la fabricación de los vinilos y casetes, la distribución y las ventas, además de la dirección artística y el marketing. Fue una experiencia intensa y enriquecedora, una magnífica escuela para ser ejecutivo de la industria musical.

Gracias al legado de Tomás Muñoz, nuestro catálogo era apabullante. Llevábamos años dominando el mercado en España: Mocedades, Julio Iglesias, Miguel Bosé, Mecano, Sergio y Estíbaliz, Luis Cobos, Michael Jackson, Bruce Springsteen, Víctor Manuel, Ana Belén, Los Panchos, George Michael, Terence Trent D'Arby, Bon Jovi, Santana, Europe, Gloria Estefan o Leonard Cohen. Sin embargo, al llegar me encontré con una situación financiera algo delicada y bastantes problemas para mantener la nómina de artistas. Muchos de ellos habían sido contratados por Tomás antes de asumir su siguiente reto, en CBS Brasil. Con mucha falta de tino, los dos presidentes anteriores a mí (y posteriores a él) habían desatendido las relaciones con nuestras estrellas. Me tocaron años muy complicados en los que tuve que recuperar su confianza y, en los peores casos, verlas marchar, en un entorno de mucha volatilidad.

Al primero que tuve que decir adiós fue a mi amigo Miguel Bosé. Nos conocimos en los años de París, cuando promocionaba su álbum *Linda*, y congeniamos de inmediato. CBS lo había contratado para ser un niño *chewing-gum* y él quería convertirse en el David Bowie hispano. Encontró en mí a un aliado para buscar su verdadera personalidad como músico, y trabajamos mano a mano varios años hasta completar su metamorfosis. Meses antes de mi desembarco en Madrid vino a verme en varias ocasiones a Miami para pedirme consejo sobre el álbum que él mismo estaba componiendo, *Bandido*.

Defendí delante de mis jefes de CBS, y de otros ejecutivos influyentes que se oponían al cambio, la necesidad de dejarle desarrollarse como artista. Pero la cúpula de la compañía estaba completamente cerrada a su cambio de perfil. El disco anterior a *Bandido*, *Made in Spain*, había tenido unas ventas mediocres, y la discográfica se negaba a enlazar otro fiasco similar, o peor. Miguel hizo oídos sordos y se encerró con el afamado arreglista Roberto Colombo a grabar en sus estudios de Milán. Le salió un álbum redondo que reveló facetas suyas como compositor y cantante nunca vistas antes.

Viajé a Italia con él para limar ese sonido revolucionario que acabaría por convertirlo en una estrella interesante y diferente. De ahí salieron sencillos maravillosos, como «Amante bandido» y «Sevilla». Ante la inacción de la discográfica, Miguel se encargó personalmente del lanzamiento en México y, al ver el gran éxito cosechado, CBS se vio forzada a promocionarlo en España. La crítica lo aplaudió y terminó alzándose como un éxito de ventas. Pedí a Mario Ruiz (mi sucesor en el marketing de CBS en Miami) que ayudara a mover el disco por América Latina. Su propuesta fue que Miguel Bosé condujera los programas de televisión en los que estábamos lanzando un exitoso recopilatorio de música —tan de moda en la época— titulado *Llena tu cabeza de rock*, que la compañía editó entre 1983 y 1987. Miguel era el presentador y cerraba los programas dando paso a un vídeo con una de sus propias canciones.

Ninguno de estos esfuerzos fue suficiente para que, desde la dirección europea de CBS, en París, no se sintieran decepcionados con el proceso y le concedieran la carta de libertad. ¡Qué gran error!

Al poco tiempo de aterrizar en mi puesto también vi marcharse a Joaquín Sabina. Con los ojos de hoy parece una locura que lo dejara ir, pero en sus inicios no vendía nada. Era un incomprendido de la dirección anterior, que no había apostado por él. Había entrado como parte de La Mandrágora, y su carrera en solitario no despegaba. Su marcha a la competencia fue la primera de un reguero más o menos doloroso de salidas. Al frente de BMG estaba José María Cámara, uno de los primeros discípulos de Tomás Muñoz, y me consta que se llevó una profunda decepción cuando me nombraron presidente. Estaba al frente del principal sello rival, cargado de rencor y con todo el conocimiento de nuestro catálogo de artistas. Se empleó a fondo en desbaratarlo.

Su siguiente pieza fue caza mayor: Mecano. El fin de su contrato tuvo lugar después del lanzamiento de su disco *Ya viene el sol*, que vendió menos que las propuestas anteriores, lo cual es siempre algo muy desagradable en la carrera de un artista. En la discográfica seguíamos siendo fans de Mecano y apostábamos por su carrera, pero su mánager, la poderosa Rosa Lagarrigue, los convenció de que con BMG les iría mucho mejor. Les ofrecieron una suma astronómica de dinero y también nos abandonaron.

En nuestro catálogo se quedaron canciones como «En tu fiesta me colé», «Hoy no me quiero levantar» o «Maquillaje», que se revitalizaron cuando Mecano volvió a tocar la tecla del éxito. El grupo, además, se disolvió de manera anticipada. Nacho y José María Cano han sido sus peores enemigos, deberían haber sido capaces de salvar sus diferencias y no haber abortado una de las carreras artísticas más impresionantes de la historia de España.

Para compensar estas despedidas, en 1986 tuvimos un éxito arrollador con el nuevo disco de Víctor Manuel y Ana Belén, *Para la ternura siempre hay tiempo*. El director artístico Rafael Alvero les propuso grabar una canción que les fue como anillo al dedo, «La puerta de Alcalá», que era culta y divertida. La había compuesto un grupo que se llamaba Suburbano y nos empleamos a fondo para que entrara en aquel doble álbum, que tenía mucha calidad, pero adolecía de un *hit* que tirara de todo el repertorio. Terminó siendo uno de sus mayores éxitos, así como el disco en español más vendido del año y todo un himno para la ciudad de Madrid. Y en cierta forma de cualquier ciudad, porque son múltiples las versiones que se cantan sustituyendo al arco del triunfo madrileño por el monumento principal de otros lugares. Ese éxito gigantesco no fue suficiente para que Víctor y Ana se quedaran en CBS. La pareja de cantantes, auténtico emblema de la compañía en España, fue el último gran botín que se llevó José María Cámara a BMG.

Afortunadamente, a partir de 1987 mis cuentas comenzaron a cuadrar y me puse manos a la obra para volver a armar un catálogo potente con una seña de identidad propia. Decidimos apostar por Azúcar Moreno, una pareja de hermanas gitanas que estaban en EMI sin que se les hiciera mucho caso y que tenían mucho potencial para desarrollarlas con nuestro propio estilo. Firmamos con ellas y las animamos a que introdujeran unos acordes más pop en sus composiciones. Hicimos algo muy transgresor: pedirle a un DJ que creara los arreglos de una canción que tenía como base el flamenco. Raúl Orellana fue el elegido. Él y Jaime Stinus cambiaron por completo el ritmo de la composición, que inicialmente se había llamado «Gitano», mezclando lo folclórico con la música más de vanguardia. La factura final, que rebautizamos como «Bandido», es un flamenco-pop que funcionó muy bien. De inmediato, vi que tenía todo el potencial para convertirse en un éxito total y me puse en conversaciones con RTVE. Quería que la seleccionaran para representar a España en el festival de Eurovisión. En 1986 habíamos logrado que «Valentino», de los Cadillac, consiguiera un más que digno décimo puesto. Mi presentimiento fue que Azúcar Moreno tenía claras opciones de ganar.

Con la práctica, había ido afinando qué artista podía triunfar y cuál no. Hay cantantes que cantan para ellos mismos (yo era así en mi época como cantautor), por eso creo que la clave del éxito es que un artista se comunique con su público, que haga buenos directos. Estas dos mujeronas, muy inteligentes y guapas, tenían esa esencia en el escenario. La sombra de otra gitana que había defendido a España en Eurovisión, Remedios Amaya, y que tuvo un resultado terrible, planeaba sobre la decisión final del ente público. Yo defendí que ellas no tenían nada que ver, que eran unas gitanas «actuales» que darían otra imagen del país. Con perseverancia, logré que finalmente las seleccionaran.

Llegamos al festival en Zagreb preparadísimos. Toñi y Encarna llevaban meses ensayando la coreografía, eran muy trabajadoras. Pero varios factores echaron a perder la actuación. Esa edición fue el primer año que se utilizaba playback y orquesta, y hubo un fallo técnico que les impidió escuchar el sonido y arrancar la canción de forma sincronizada. Tampoco las ayudó el hecho de ser las primeras en subir al escenario y hacer de conejillo de Indias del nuevo sistema.

Las hermanas reaccionaron bien y repitieron la salida. Probablemente, su actuación no tuvo el mismo arrojo que si lo hubieran hecho a la primera, cuando salieron a comerse Europa. Además, la puesta en escena quedó algo desmerecida porque los vestidos que les había preparado Francis Montesinos se rompieron en el ensayo general. Tuvieron que salir con una alternativa negra, muy sencilla, que habían llevado para pasear esos días por Croacia.

Al acabar la actuación, no podían dejar de llorar. Se querían ir al hotel. Las tuvimos que convencer de que lo habían hecho muy bien y de que debían quedarse para conocer la decisión del jurado. Cuando empezaron a caer los doce puntos no se lo podían creer. Acabaron quintas y, sin tanta mala suerte esa noche, hubieran sido firmes candidatas para ganar Eurovisión.

Las hermanas Salazar fueron dos personas que trabajaron muy duro en el camino del éxito. Eran muy listas y disciplinadas, sabían que se tenían que esforzar y darlo todo cada vez que se subían a un escenario. Si sus maridos no hubiesen boicoteado sus carreras, hubieran llegado mucho más lejos.

A lo largo de mi vida me he dado cuenta de que los artistas más exitosos tienen una memoria prodigiosa: llaman a sus fans por el nombre, levantan estadios mencionando detalles entrañables de la ciudad que los recibe... Son pequeños trucos que marcan la diferencia. Quien lo hace bien hace un ejercicio titánico en la seducción. Ha de estar siempre perfecto, nunca enfermar o coger un mísero catarro. Esa determinación merece ser reconocida. Soy muy consciente como ejecutivo de lo duro que es conectar con la masa.

Otros hermanos muy disciplinados y que se entendían perfectamente con el gran público eran Pimpinela. Los conocía de mi etapa de Miami, porque habían comenzado a tener un éxito tremendo por toda Latinoamérica, e incluso logramos que hicieran algunas actuaciones televisivas en Estados Unidos. Pero la dirección anterior de CBS en Madrid había vetado su entrada en el país: le parecía un producto «anticuado» y se negó durante casi tres años a abrirles las puertas. En cuanto llegué, le pedí a Rafa Alvero que les prestara atención y que echara a rodar su disco en España. Él creyó en ellos y en aquella suerte de canción dramatizada que hacían. La promoción comenzó en radios locales, donde, al poco de pinchar «Olvídame y pega la vuelta», recibían decenas de llamadas de los oyentes preguntando quiénes eran esos cantantes. Joaquín Galán era muy dispuesto e inteligente. Pusimos toda la carne en el asador con ellos para que un éxito que llevaba ya casi tres años sonando en América consiguiese ponerse de moda en España como si acabara de salir. La gente de la calle empatizó muchísimo con aquel modelo. Mi salida de CBS coincidió con el vencimiento de su contrato, y prefirieron acompañarme a Polygram, aunque cobraran menos dinero. Fue uno de los gestos más bonitos que un artista ha tenido conmigo en mi carrera profesional. Al final, trabajé mano a mano con ellos durante veinte años.

La industria de la música todavía tenía en ese momento el tiempo y el dinero para lanzar y desarrollar nuevos artistas. Lo hacíamos pese al corsé que nos imponía la radiofórmula que dominaba el mercado y que solo veía amenazada su poderosa influencia por la televisión. La radio era muy conservadora y solo emitía lo que ya consideraba que era un éxito. Costaba abrir la puerta a nuevos sonidos, y el público no compra lo que no conoce. Por eso teníamos que recurrir a todo tipo de estrategias para que en las emisoras apostaran por algo nuevo, rayando en ocasiones en prácticas de dudosa moralidad, como ofrecer regalos a DJ y locutores musicales. Nuestro director de Marketing, Ramón Crespo, y el director de Promoción, Manolo Moreno, navegaban muy bien en esas aguas turbulentas. Al principio hice algunos intentos de sustituirlos, pero finalmente acepté que cumplían bien con el objetivo de la compañía, aunque yo prefería no estar informado de lo que hacían.

El sistema de la programación de radio era perverso. Solo lo conocido. Solo lo que ya funciona. Con él, los grandes cantantes de los setenta, como Bob Dylan o Serrat, no hubieran logrado triunfar. La apisonadora de *Los 40 principales* pasaba con fuerza el rodillo, y se le unieron Cadena Cien y Cadena Dial, aún más renuentes a las novedades. Pero la televisión tenía otros criterios, y en los programas musicales, que se multiplicaron en la década de los ochenta, pudimos presentar figuras nuevas que explotaban el componente visual, que se había vuelto tan importante de repente.

Una de las veces que más éxito tuve apostando por la televisión para escapar de la cerrazón de la radio fue con el sencillo «Conga», de Gloria Estefan. Yo había respaldado su idea de cantar en inglés y en español, pero la promoción y lograr que sonara más allá de Estados Unidos estaba siendo muy difícil. Hablé con Televisión Española y les propuse usar el tema como sintonía para la Vuelta Ciclista a España de 1986. Se hizo tan viral, antes siquiera de que existiera ese concepto, que el país entero terminó el verano agotado de ver las ruedas girar al compás de aquella melodía trepidante.

En general, la tele daba algo más de espacio a la innovación, embriagada por ese halo de la movida, y los cantantes que tenían una estética muy visual lograban sacar la cabeza y ganar terreno. En aquel medio, romper era bueno. Así triunfó Martirio, que armó mucho ruido con sus tocados aparatosos y sus peinetas de la torre Eiffel. Era un surrealismo un poco payaso, insolente y a la vez muy fácil de entender. Puede que no fuera para intelectuales, pero a mí me gustaba mucho y las letras que le hacía Kiko Veneno eran una belleza. También era de alguna forma un producto de humor, una caricatura de la canción española.

Pero, como producto realmente humorístico, nuestro éxito más fuerte fue el lanzamiento de Emilio Aragón con su «Te huelen los pies». Él ya era una figura fundamental de la industria del entretenimiento en España, protagonizando con gran éxito su programa *VIP*, que emitía una de las recién estrenadas cadenas de televisión privadas. Rafa Alvero me trajo una maqueta ya terminada que había hecho el propio Aragón en su estudio de grabación en casa. Por ese primer disco no le pagamos nada, solo le prestamos apoyo en esa aventura tan creativa y loca que él tenía en mente y, desde luego, vendimos muchísimos discos.

La música y el humor van muchas veces de la mano. Pusimos música a toda una generación gracias a la sintonía del *Un, dos, tres* y el «Hala vamos» de las hermanas Hurtado. Joaquín Torres le hizo unos arreglos modernos que a Chicho Ibáñez Serrador le encantaron.

En un registro totalmente diferente, Luis Cobos fue otro innovador, con esos ritmos modernos que imprimió a los grandes temas de la música clásica. Él ya estaba en plantilla y lanzado cuando yo llegué a CBS, y había grabado con éxito su primer álbum de zarzuelas. Cuando nos conocimos me dijo que quería hacer un nuevo recopilatorio, algo que acogí con bastante escepticismo.

—¿Cómo se va a llamar? —le pregunté.

—*Más zarzuela* —me contestó. Me dejó fuera de juego.

De alguna forma, yo no acababa de conectar con ese producto, pero Cobos había encontrado la fórmula para lograr el vínculo entre el público, la música clásica y él. Fue un fenómeno increíble. Con una tremenda tenacidad, desarrollaba temas de gran impacto, con una sucesión de estribillos y una especie de popurrís que ponían lo clásico a tiro del consumo masivo. Superó, con mucho, mis expectativas y con el tiempo se convirtió en uno de mis admirados amigos.

Convencido ya por la evidencia de las buenas ventas, le propuse que fuera a Rusia a grabar su siguiente disco, que se llamó *Capricho ruso* y que tuvo como base el trabajo de compositores de ese país. El éxito en México fue monstruoso, pero quizá no supimos venderlo bien en Europa para que tuviera las ventas que se merecía.

Ahora bien, no todo fue innovación en los ochenta. Uno de mis planes en ese periodo fue rescatar al Dúo Dinámico. En los años sesenta nos habíamos cruzado muchas veces en la escena musical madrileña, y luego profundicé mi relación con Ramón Arcusa a través de los trabajos para Julio Iglesias. Él era el artífice de alguna de sus mejores canciones y se habían hecho inseparables. El Dúo había dejado los escenarios a principios de los setenta, pero los convencí de que su música aún tenía mucho recorrido. En 1986 firmamos un contrato, y el primer álbum fue sobre todo un recopilatorio de *medleys* de sus éxitos anteriores. Funcionó muy bien, y en un segundo proyecto reeditamos canciones antiguas con temas nuevos, entre ellos «Resistiré». Este tema fue un éxito total y el director de cine Pedro Almodóvar lo escogió como tema principal de la banda sonora de *¡Átame!* Ha resistido, valga la redundancia, tan bien el tiempo que aún tengo presente la emotividad que sentí durante la pandemia, cuando millones de españoles cantaban a las ocho de la tarde desde sus ventanas este himno de Manolo y Ramón.

Almodóvar, con *La ley del deseo*, también trajo de vuelta a Los Panchos, con la canción «Lo dudo». Más de una década atrás, en mis inicios en CBS en Madrid, yo les había producido un disco recopilatorio en vivo que había revitalizado su catálogo. Tras el estreno del filme volvimos a publicar otro álbum y tomamos la determinación de convertir al trío en un objeto de culto y de moda. Les programamos un concierto en la sala Oh! Madrid, que era el epítome de la vanguardia en ese momento. Con casi ochenta años, Los Panchos volvieron a la actualidad musical española.

La baza de las discotecas de moda la usábamos mucho para promocionar artistas y que se los relacionara con un determinado perfil de consumo. A Azúcar Moreno las llevábamos sin cesar a Archy (de los mismos propietarios que Oh! Madrid), donde se codeaba la jet set madrileña. El objetivo era que formaran parte de un paisaje sofisticado y refinado.

Del catálogo original de CBS también se había quedado con nosotros Mocedades. Era un grupo que, cuando elegía bien el repertorio, era mágico. Óscar Gómez vino un día con una obra de Manuel Pareja-Obregón, «Cantinero de Cuba», con la que tuvimos un flechazo. Supe que iba a ser un tremendo *hit* y les propuse a Sergio y Estíbaliz que la cantaran. Lo hicieron con un gran acierto. No sucede tan a menudo, pero cuando sientes cómo una canción te toca la fibra y te emociona es que estás indudablemente ante un exitazo. Una de las sacudidas emocionales más fuertes me la provocó «¿Y cómo es él?», que José Luis Perales compuso en 1978 (aunque no la estrenó hasta 1982), estando todavía en la discográfica Hispavox. Recuerdo estar conduciendo para ir a casa de Julio Iglesias, atravesando el puente que conecta la isla que cobija su urbanización con Miami. En la radio empezó a sonar la melodía y tuve tal impresión que me vi obligado a echar el coche a un lado en una cuneta y pararme a escucharla.

Probablemente fue en ese momento cuando Tomás Muñoz, en su labor como asesor de la división latina desde la central neoyorquina de CBS, comenzó a planear el fichaje del conquense, al que se le hizo un contrato de mil millones de pesetas en 1986, conmigo ya liderando la operación en España. Realizamos una impactante campaña de promoción, al más puro estilo hollywoodiense. Si hubiera dependido de mí, la cifra no hubiera sido tan astronómica, porque yo siempre he sido bastante tacaño en los negocios.

Mucho más modesta, pero muy satisfactoria, fue la firma de Carlos Cano. Era de los pocos artistas que nos trajimos de BMG, porque allí lo tenían totalmente olvidado y sin desarrollo. De nuestra mano, tuvo un éxito increíble con «María la portuguesa». Realmente era el rey de la copla, cantaba con maestría en un mundo dominado por el pop y el rock y logró abrirse un enorme hueco a contrapié de la corriente masiva. Como muchos otros grandes artistas, tenía muchas inseguridades, pero era un cantante maravilloso que se fue demasiado joven.

Hay otros estilos muy exitosos que entiendo menos. Es el caso de Rocío Jurado, a la que firmamos ya al final de mi etapa en Madrid. Ella cantaba con una pasión increíble, pero su género musical no era el que yo comprendía mejor. Sin embargo, Manuel Alejandro había puesto su dedo de oro en ella, y eso era más que suficiente para el éxito. En el fondo, a mí me gustaba todo lo que fuera bueno y vendiera muchos discos. En ese sentido, también cortejé a Isabel Pantoja después de su célebre álbum *Marinero de luces*, pero la entonces viuda de España rechazó nuestras propuestas.

Como presidente de la compañía, mi principal preocupación era la de ganar cuota de mercado y obtener beneficios, para lo cual me apoyaba mucho en el talento de mi equipo. La clave para ganar dinero en esta industria consiste en hacer un esfuerzo promocional razonable, en línea con el posible retorno. Si tienes mucha fe en un artista, orquestas una campaña de promoción muy agresiva. Pero, cuando no funciona, hay que recoger cuerda pronto para no seguir perdiendo dinero. De cada cuatro o cinco artistas que se lanzan, solo uno logra ser rentable.

En ocasiones hay suerte y se firman acuerdos muy ventajosos, como la distribución de un grupo de tanto éxito como fue Hombres G. Su discográfica, DRO, tenía problemas financieros, y la salida fue que nosotros distribuyéramos sus discos, que ya eran superventas. Este tipo de alianzas tienen la ventaja de que no se corre el riesgo de la inversión inicial, pero la empresa se beneficia del éxito comercial.

La promoción de artistas de CBS provenientes de otros países también era una de nuestras grandes líneas de negocio, apoyados por nuestro brillante catálogo internacional. Un instrumento clave son los macroconciertos en directo, una auténtica seña de identidad de la década de los ochenta en aquella España democrática en la que todos los grandes grupos querían hacer escala. En 1988, llenamos en dos ocasiones el estadio Vicente Calderón. Primero con un histórico concierto de Bruce Springsteen, y luego con la primera gira internacional de Michael Jackson en solitario, en el llamado Bad Tour. Los Rolling también hicieron doblete en ese mismo escenario en 1990. Estas celebradas actuaciones dejaban un reguero de ventas de discos cuando las bandas se iban. Además, seguían de moda los recopilatorios, y el gancho de estos nombres internacionales también empujaba los sencillos de nuestros grupos locales.

En las grandes giras internacionales, las promotoras son las que toman el riesgo de traer a los artistas. El sello les da apoyo con un plan de marketing, pero la inversión la hace la empresa que monta los conciertos. Solo en algunos casos de especial interés se asume desde la casa parte de la gira, como única manera de abrir mercado en un tercer país.

Desde luego, era infrecuente que corriéramos con todo el gasto que supone traer a un artista del extranjero. Por eso mostré mi discrepancia cuando Tomás Muñoz nos pidió encargarnos de organizar el bolo de la cantante brasileña Simone con toda su orquesta para presentarla en el teatro Calderón de Madrid. Nuestras diferencias sobre la pertinencia de este desproporcionado gasto pasaron factura a nuestra amistad, que tardamos años en recuperar.

La corporación japonesa Sony compró CBS Records y, en 1991, nuestra compañía pasó a llamarse Sony Music Entertainment. Fue un pequeño lavado de cara, porque los ejecutivos continuaron siendo los mismos. Ese mismo año, el presidente de Internacional de Sony, Bob Summer, me ofreció el puesto de vicepresidente. Entre mis funciones estaría supervisar once de las catorce filiales europeas de la compañía desde nuestra sede de Londres. Lo que en un primer momento parecía una promoción terminó teniendo tintes de encerrona. En la capital británica viví con mi familia poco más de un año. La debilidad de la cúpula de Sony era evidente, y los ejecutivos que dirigían las compañías locales, muchos de los cuales me reportaban a mí, se politizaron y empezaron a manifestar ambiciones desproporcionadas. Se había decidido que España era uno de los países que no dependía de mí, una rara excepción. Era un ambiente muy incómodo y la diplomacia interna le quitaba tiempo de atención a la carrera de nuestros artistas.

Mi trabajo como supervisor de regiones como Italia, Grecia y algunos países nórdicos era mucho menos interesante de lo que yo había previsto. Ellos me comunicaban lo que estaban haciendo y yo, a mi vez, se lo transmitía a mi jefe de Nueva York. No participaba en la parte creativa ni en el diseño de la estrategia. El trabajo divertido lo hacían ellos.

En una de mis caminatas, en ese tiempo bastante taciturnas, por Londres, tuve un encuentro inesperado. Uno de esos golpes de suerte que siento que me han acompañado a lo largo de la vida y que también he sabido aprovechar porque me han encontrado despierto. Estaba en los alrededores de mi oficina de Londres, en Hyde Park, guarecido por un paraguas bajo una lluvia por momentos torrencial. Prácticamente choqué con otro paraguas. Debajo se encontraba Alain Levy, el directivo de CBS que me había llevado a París y que desde hacía ya un tiempo era el primer ejecutivo de la discográfica Polygram. A los dos nos hizo mucha ilusión el encuentro fortuito y me invitó a comer al día siguiente.

Durante el almuerzo me dijo que iba a poner a un canadiense al frente de la división latinoamericana y le dije: «Coño, ¿por qué no me das eso a mí?».

El siguiente paso no fue fácil: conseguir que Sony me dejara marchar a otra discográfica. Como alto ejecutivo, yo tenía firmada una estricta cláusula de no competencia que prohibía hacer un movimiento como el que me disponía a hacer. Me reuní con Bob Summer y John Dolan y los persuadí de que me dejaran marchar. Era evidente que mi fuerza era América Latina, y ellos no me podían ofrecer ese puesto. Tras unas largas conversaciones, finalmente me dejaron ir a hacer lo que yo mejor sabía hacer.

Diciendo canciones su cuerpo abracé,
leyendo sus versos su grito escuché.

«Federico», Aguaviva
(Manolo Díaz [1970])

Cuando Manolo ostenta por fin poder y es un *big boss* de la industria de la música, descubre también las guerras políticas que acarrea esa posición. Llega a España con una mirada internacional, después de siete años trabajando en Francia y Estados Unidos, y pretende darle un ímpetu modernizador a la compañía, pero se topa con una empresa muy jerárquica y cadáveres de otras batallas con los que tiene que lidiar.

Su reconocido éxito con la promoción de Julio Iglesias y el Puma le abre las puertas a la presidencia de CBS España. Esto sienta como un tiro a su antiguo compañero José María Cámara, uno de los que años atrás miraba con suspicacia cómo Manolo tuteaba a Tomás Muñoz al incorporarse a CBS en 1977.

Después de que dos ejecutivos paracaidistas se hubieran puesto al frente de CBS en Madrid, Cámara se había instalado al frente de una compañía de la competencia, la discográfica BMG-Ariola, y había comenzado una guerra sin cuartel para desmantelar su casa madre. «Manolo no calibró bien el nivel de agresividad de

BMG», dice Jesús López, sucesor de Díaz en 2001 como presidente de Universal Music Latinoamérica, pero que en esos años ejercía de segundo de Cámara en la discográfica.

José María Cámara, fallecido en 2021, era uno de los integrantes del núcleo fundador de CBS en España, que en 1970 había liderado Tomás Muñoz. Comenzó como contable y terminó al frente de la promoción y el marketing. Junto con Aurelio González y José Luis Gil, formó parte de la famosa escuela de Muñoz, en la que Manolo militó algo menos de un año. Su exhaustivo conocimiento de los contratos de los artistas de CBS y la relación directa con ellos le sirvieron para drenar a la multinacional estadounidense del talento en los momentos precisos.

«A mediados de los ochenta hubo un cambio de paradigma del consumo. Mecano cayó un poco y no estaba tan fuerte como en sus discos anteriores. Así que, aprovechando las circunstancias psicológicas de los intérpretes, Cámara y yo atacamos muy fuerte», relata López. Aliados con la mánager de Mecano, Rosa Lagarrigue, los directivos de BMG convencieron a los hermanos Cano de que en CBS no se los trataba como merecían. La campaña surtió efecto. «El de Mecano fue el contrato más difícil», le dijo José María Cámara al director del sello Subterfuge, Carlos Galán, en su programa *Simpatía por la industria musical.* También aseguró en aquella entrevista que odiaba al negociador que propuso CBS, Paco Bestard, y que se tardó más de año y medio en cerrar el fichaje, por el que al final BMG pagó mil millones de pesetas (seis millones de euros de la época).

Joaquín Sabina, que históricamente había estado infravalorado en CBS, había sido uno de los primeros en irse, pero, con el fichaje de Mecano, Cámara fue un paso más allá. Un par de años más tarde se llevaría a Ana Belén y Víctor Manuel, auténtico corazón de la casa, lo que significó un golpe muy duro para Manolo. Echando la vista atrás, Víctor Manuel dice que se fueron porque no estaban conformes con algunos segundos cuadros del equipo de gestión con el que contaba Manolo en esa época. «Los presidentes tienen más poder de convicción porque te pueden ofrecer dinero, pero la tropa te ofrece el día a día, el trabajo cómodo. Y estábamos más a gusto con la tropa de Cámara», concluye Víctor. Jesús López confirma que el ejecutivo que llevaba la negociación de CBS en estas pugnas hizo una pésima gestión, y lo responsabiliza, en parte, de que BMG lograse llevarse a algunas de las figuras más emblemáticas de la empresa.

«Manolo no midió bien en ese momento las peleas que tenía que hacer por quedarse con esos artistas, y su equipo no lo apoyó. ¿No se dieron cuenta del problema que estaban creando? Como competidor, nos dejaba muchos flancos abiertos para que pudiésemos entrar», resume López, que ve en ese exceso de confianza de Manolo en el equipo su principal debilidad. Creyó en aquel momento que la incapacidad financiera de CBS para contraofertar las sumas astronómicas que BMG ponía encima de la mesa era el principal factor que lo llevaba a perder a los artistas. Pero fue una mezcla de afinidades personales, juego de poder, ánimo de venganza y dinero lo que condujo a la marcha de estas megaestrellas. Con los años, el ejecutivo encargado de negociar estos contratos traicionó a Manolo y se fue a la competencia.

También hubo algunas incursiones al otro lado de las líneas. Manolo fichó a Carlos Cano, que se sentía muy incomprendido en BMG. En CBS cosechó un tremendo éxito gracias a «María la portuguesa». En lo personal, a Manolo le encantaba, y su muerte prematura le causó una gran tristeza.

Quiso el tiempo y la consolidación brutal que sufrió el sector en los 2000 que ambas compañías acabasen fusionándose en 2003. Aquella lucha encarnizada de fichajes de los ochenta terminó nutriendo un mismo sello y catálogo.

En una compañía que había perdido su toque tras la salida de Muñoz, Manolo implantó un estilo de mando mucho más horizontal e integrador. El entonces presidente de CBS para Europa, Jørgen Larsen, recuerda que el predecesor de Manolo en el puesto rara vez salía de su despacho. En una de sus visitas a Madrid, dieron un paseo por las oficinas y los empleados no reconocían a su jefe. En ese momento Larsen se dio cuenta de que urgía un cambio y trajo a Manolo, con el que ya había coincidido en la etapa de París.

Una de las primeras cosas que llevó a cabo Manolo fue reformar las oficinas del número 93 del paseo de la Castellana para hacerlas modernas y acogedoras. Con su marcado sentido de la estética, quería que los artistas se sintieran confortables desde el momento en el que cruzaran la puerta de la que sería su casa. «Pintó las paredes de amarillo, que era el color del éxito en todo el mundo, pero el de la mala suerte en el teatro. La gente estaba horrorizada», recuerda entre carcajadas Miguel Ángel Arenas, Capi, el cazatalentos que CBS tenía contratado en la época, responsable de descubrir a figuras como Mecano o Alejandro Sanz.

También intentó hacer cambios en la estructura, pero no encontró la forma adecuada de sustituir al equipo de promoción, liderado por Ramón Crespo. Eso limitó el alcance de la transformación a la que aspiraba, e intentó ajustarse a la plantilla con la que contaba la empresa. Uno de los movimientos que hizo fue ascender a Lydia Fernández, y pavimentar así la carrera de una de las pocas ejecutivas de la industria musical en España, que terminó siendo directora del sello Virgin. «Cuando él llegó a la oficina, las mujeres solo poníamos los cafés», rememora Lydia, una mujer que ya por entonces era bilingüe y estaba cargada de ambición. «Fue como un torrente de aire fresco, lo cambió todo». Manolo intervino para que la empresa le sufragara un máster de Marketing en el Instituto de Empresa y la fue promocionando y apostando por ella.

Lydia pasó a estar al frente del catálogo de A&M Records, un sello que había licenciado CBS y que tenía figuras como Supertramp, The Police o Bryan Adams. Este fue el inicio de su brillante carrera en ese «club de hombres». En un momento dado, la alumna aventajada también se dejó seducir por la llamada de José María Cámara, que le ofreció un ascenso, dinero, coche… El paquete completo. Cuando le comunicó a Manolo que se iba, la ejecutiva recuerda con mucho dolor que él le dijo: «¿Sabes que te vas con mi mayor enemigo?».

Apenas tres años después, dimitió de sus cargos en BMG por incompatibilidades con Cámara, pero sigue manteniendo una gran amistad con Manolo, al que continúa visitando en su casa de Luanco en Asturias. «Nunca me guardó rencor por aquello». Algo similar recuerda Jesús López. Pese a haber maniobrado con Cámara para llevarse a los mejores artistas de CBS, Manolo lo llamó años después para ofrecerle un puesto en su equipo. Y es que, aunque en el momento le produjeran dolor, siempre contextualizó estos movimientos dentro de las empresas y los aceptó con deportividad y *fair play*. Esta es otra de las características de su personalidad que lo llevan a sumar amigos y admiradores en cada década, en lugar de dejar un reguero de víctimas y enemigos, como es habitual en las esferas de poder.

Adrian Vogel, que lideraba la promoción internacional de la discográfica, cree que la lealtad es precisamente una de las características que mejor lo definen. «Es el caballero de la industria discográfica. Una mezcla perfecta de sabiduría y talento». Otros colaboradores coinciden en el adjetivo «honesto» para definirlo, algo que cobra especial valor en una industria que estaba profundamente hundida en la corrupción.

Si en etapas anteriores Manolo se había caracterizado por la innovación y el riesgo, en los ochenta no iba a ser diferente. Con una pasión desmedida por los artistas que quieren evolucionar, respaldó a ciegas la reconversión de Miguel Bosé, que encontró en él un puntal clave para iniciar su transfiguración, materializada en el álbum *Bandido*. Pese a la negativa de la compañía a respaldar el cambio de estilo de Bosé, Manolo mantuvo una relación constante con él, hasta el punto de desplazarse a Italia a supervisar la grabación del disco. «Fue el único, el único en la discográfica que salió en mi defensa», dice el cantante. «Les dijo a los ejecutivos: "Miren, este señor tiene unas necesidades de progreso, de evolución y unas urgencias de lenguaje en cuanto a su escritura y hay que apoyarlo, esperar y ver"». En esos inicios de los ochenta, desde las discográficas aún se trabajaba en el desarrollo de los artistas, permitiendo errores y fomentando su creatividad. Algo que a lo largo de la década siguiente se fue perdiendo, para pasar a un modelo de explotación de talentos ya maduros.

Finalmente, *Bandido* vio la luz, pero sin el empuje de la disquera detrás. El propio Miguel fue a México con cien elepés bajo el brazo para hacer la difusión que le hurtaba el sello y, gracias también a la colaboración de los excompañeros de Manolo en la oficina de Miami, el vinilo explotó en Latinoamérica. Se intentó entonces hacer la promoción en España, con dos videoclips que terminarían siendo de culto. El de «Amante bandido» se inspiraba en la transformación de superhéroes como Indiana Jones, Superman o Spiderman, y mostraba la conversión de un Miguel Bosé modosito y estudioso hacia otro aventurero. «Sevilla» tenía una estética más próxima a *La historia interminable*, con su épica y misticismo.

La tardía pero buena acogida de ambos sencillos no hizo cambiar de opinión a la cúpula de CBS. «Los dos fuimos derrotados», lamenta Bosé en referencia a las peleas internas que también tuvo el directivo defendiendo su nuevo rumbo. «Me llamaron para ir a la oficina de París y el sueco (*sic*) que dirigía en ese momento las operaciones me tiró mi carta de libertad de punta a punta de la mesa». Han pasado cuarenta años, y Bosé no escatima en halagos sobre la figura de Manolo, al que define como visionario y precursor hasta con el negocio de los aguacates. «Era un hombre refinado, exquisito, intelectual, atractivo…». Bosé fue nombrado persona del año en los Grammy Latinos de 2013, tras una nominación auspiciada por Manolo.

La capacidad de innovación del entonces presidente de CBS en España es también un rasgo que destaca Víctor Manuel, que comenzó a tratar con Manolo a principios de los setenta, cuando un conocido común lo invitó a la casa de Ferrer del Río. «Lo seguía en todo lo que hacía porque me parecía un increíble innovador», recuerda Víctor. «Tenía unos parámetros de composición y de marketing, y una relación con la industria que eran diferentes».

Después de que la compañía tuviera al frente de la oficina de Madrid «a dos indocumentados», la llegada de Manolo fue un soplo de aire fresco para Víctor y Ana. Su disco *Para la ternura siempre hay tiempo*, que contenía el tremendo *hit* «La puerta de Alcalá», pulverizó los récords de ventas hasta el momento en España y al otro lado del charco. Los inicios de ambos como cantautores fueron, en cierta forma, similares y Víctor Manuel coincide con la apreciación de Manolo de que en las multinacionales «se roba menos». Como anécdota para apoyar esta percepción, recuerda cómo grabó la exitosa «El abuelo Vítor» con Belter en 1969. Belter le liquidó las ganancias con unas ventas de cuarenta y dos mil discos. El artista tenía a un amigo que trabajaba en El Corte Inglés, y le pidió que le dijera cuánto había vendido su disco en los grandes almacenes. Tan solo en sus sedes de Madrid se habían despachado cuarenta mil ejemplares.

El asturiano hace un balance con claroscuros del cambio en la industria. Reconoce que él y Ana Belén habían sido expulsados de la radiofórmula hace al menos treinta años y ahora, a merced del algoritmo de las grandes plataformas de distribución, ven cómo sus canciones siguen teniendo escuchas. «En algún sentido, se ha ganado en transparencia». Pero, en su opinión, la clave para continuar vendiendo discos es la capacidad de actuar en directo, el auténtico fenómeno que ha marcado la industria de la música en la pospandemia.

Manolo abrió las puertas a un producto que los anteriores presidentes de CBS habían vetado en España: el dúo Pimpinela. Los conocía de su etapa en Miami, y había formado parte de su exitosa promoción internacional de «Olvídame y pega la vuelta». Pero España continuaba siendo un mercado cerrado, con reticencias, para aquellos hermanos argentinos. Rafael Alvero, director de Arte y Repertorio, recuerda cómo se adaptó la promoción al estilo de esta pareja: se apostó en un primer momento por emisoras locales, que recibían decenas de llamadas interesándose por los artistas en cuanto se pinchaban sus canciones. El espaldarazo definitivo vino cuando Encarna Sánchez, la carismática presentadora de radio, los entrevistó en su programa, donde se presentaron como hijos de migrantes españoles ansiosos por saborear el éxito en la madre patria. A raíz de aquella conversación, sus ventas se dispararon hasta convertirse en un éxito absoluto en España, con Encarna pidiendo ayuda para la pareja en varios de sus programas. Los hermanos Galán iniciaron también en ese momento una estrecha relación con Manolo, al que siguieron en su cambio de compañía a Polygram, pese a que Sony les ofrecía una cifra mayor por la renovación. «Manolo nos decía cosas como que estábamos insertados en el inconsciente colectivo de la gente», recuerda Joaquín Galán. «Nos reafirmaba, nos daba la credibilidad que necesitábamos para hacer avanzar nuestra carrera. Era una persona muy afectiva y a la vez muy firme en sus conceptos».

Joaquín está muy interesado en la parte de la industria que trabaja entre bambalinas y le ha gustado opinar sobre la promoción y la evolución de sus discos, algo que Manolo siempre acogió de buen grado. «Era el hermano mayor que necesitábamos», recuerda Galán. «En Pimpinela, con él, éramos tres».

Otro artista que siguió con Manolo tras su cambio de discográfica fue Luis Cobos, pese a que su relación no había empezado con buen pie. Aunque a Cobos lo precedían los éxitos de ventas, Manolo no creía en su producto. Su contrato estaba a punto de vencer, e Hispavox le puso una oferta sobre la mesa para llevárselo. Manolo y su equipo lo animaron a grabar un último disco antes de tomar la decisión. *Más zarzuela* vendió tantas copias que el directivo no tuvo otra que cambiar su decisión inicial y mejorarle la oferta a Cobos para que se quedara. Este fue el inicio de una relación personal que ha perdurado en el tiempo. «Rectificó su primera impresión, que no es fácil», dice Cobos, convencido de que en ese punto arrancó su mejor etapa profesional, con una internacionalización muy fuerte de sus álbumes, que llegaron a gozar de éxito en mercados tan complicados como el británico.

En aquellos momentos de «moderneo» y transgresión recuperó al Dúo Dinámico, que resurgió con la misma fuerza que en sus orígenes de los sesenta. Les costó persuadirlos de que volvieran a grabar un álbum. Después de un tira y afloja, ambos integrantes le dijeron: «Si no nos convence, quemaremos la cinta y nos tomaremos una botella de cava». Vendieron doscientas mil copias, pero el éxito total llegó con el siguiente proyecto, en 1988, en el que Manolo de la Calva firmó, junto con Carlos Toro, «Resistiré», que ha tenido decenas de versiones. «Fue realmente un milagro que Manolo Díaz volviera a creer en nosotros. Pero, otra vez, tuvo razón», sostiene Arcusa. «Sin él como mentor, como impulsor para que grabásemos discos de nuevo, esa canción no hubiera existido».

Los grandes superventas de esta época pivotaban alrededor de artistas melódicos, pero Manolo también tenía la inquietud de estar al día con la movida y captar las nuevas tendencias. Miguel Ángel Arenas fue uno de los que lo introdujo en aquellas reuniones eclécticas en las terrazas del paseo de la Castellana. «Las élites creativas del momento lo acogieron con entusiasmo. Para la modernidad, él no llegaba como director de CBS, sino como un artista madrileño recuperado que se había ido», explica Arenas, habitual de aquel grupo que frecuentaban Lolo Rico o Pedro Almodóvar. «Se entendía con ellos porque compartían mundología, eran triunfadores y habían cambiado la estética de este país en los setenta».

Pese al halo épico que tuvo la movida madrileña, en términos de negocio y de éxitos musicales la difusión fue muy pequeña. La movida era, además, un concepto excluyente. Mecano, que para muchos es la banda sonora de inicios de los ochenta, nunca pudo acceder. Víctor Manuel dice que atesora casi todos los discos que se lanzaron por grupos considerados «movida», y que la mayoría se terminaron disolviendo como un azucarillo. «Fue un elemento de agitación importante, de ruptura con lo establecido, pero no fue atractivo musicalmente», explica. Solo salva a Alaska y los Pegamoides y a Radio Futura.

Otras corrientes convivían con la famosa movida, y el rock en español, incluso el punk local, estaban al alza. Víctor Manuel introdujo en CBS al grupo ovetense Los Ilegales, que habían fichado inicialmente por la Sociedad Fonográfica Asturiana, donde también iniciaron su carrera Los Suaves. El conjunto hizo una versión de un tema del Manolo Díaz compositor: «El loco soy yo».

Un grupo inclasificable como Los Inhumanos dio sus primeros pasos en CBS (aunque luego también se fue a BMG), y por los pasillos de Castellana 93 se veía en esos años el sombrero de *cowboy* de Los Rebeldes, con su *hit* «Mediterráneo», y se escuchaba el «Bravo samurái» de Vicky Larraz.

Ya finalizando la década, y con el catálogo de CBS España recompuesto tras las pérdidas, otros estilos musicales se fueron sumando al repertorio para enriquecerlo y diversificarlo. Desde Xoxonees y su «Tírate a un yupi», pasando por Un Pingüino en mi Ascensor, que vino de la mano del acuerdo de distribución con DRO, al igual que la máquina de hacer dinero que eran Hombres G. Además de la ampliación del catálogo, Manolo también intentó ampliar las fuentes de ingresos de la filial española, buscando hacerse más fuerte e independiente económicamente. La discográfica entró como accionista en Crisol, la cadena de tiendas de discos y libros del Grupo Prisa —que echó el cierre en 2009— y mantuvo conversaciones con las cadenas privadas de televisión que estaban a punto de ver la luz para tomar una participación. Esta operación fue vetada por la central de Nueva York en el último momento.

Terminó la década de los ochenta con una fuerte remontada del negocio en España, y habiendo cumplido sus objetivos. Su primer jefe en Europa, Jørgen Larsen, recuerda que logró dar una vuelta completa a la gestión de la filial, que logró sanearla económicamente y, al final de su mandato, tenía una excelente cartera de artistas locales. Larsen disfrutaba mucho de la compañía de Manolo, y visitaba cada dos meses la oficina madrileña para poder salir a cenar con él. «Él no podía aguantar mi ritmo a beber orujo», se ríe. La esposa de Manolo, Rose, dice que solo lo ha visto borracho de verdad cuando salía con este jefe.

Rose recuerda esos años en España como apasionantes desde el punto de vista cultural, político y social, pese a la importante renuncia que hizo de su carrera como actriz. Tamara y Rodrigo vivieron esa primera infancia en aquellos revueltos ochenta, mientras que Vanessa entraba ya en la adolescencia y pasaba las vacaciones escolares en Madrid con Manolo. «Yo idolatraba a mi padre y lo echaba muchísimo de menos», dice. «Mi padre era como un mago para mí. Me abría las puertas a un mundo extraordinario y fascinante. Recuerdo un verano, cuando tenía catorce años. Me llamó y me propuso un viaje los dos solos. Fuimos a Barcelona a ver a Bruce Springsteen en concierto y a Marbella a uno de Michael Jackson; además, me los presentó luego en el camerino. También fuimos a Cannes a pasar unos días con Julio Iglesias. Poder estar a solas con él esos días fue inolvidable».

El regreso de Manolo a Miami y la adolescencia ya más avanzada de Vanessa enfriaron algo la relación en los años siguientes. El vínculo se recuperó cuando su hija Vanessa se fue a vivir a Miami para estudiar cine. Su segunda hija, Tamara, recuerda que durante esos años Manolo trabajaba hasta muy tarde y casi solo lo veían el fin de semana.

Cuando Manolo fue enviado a su nuevo puesto en Londres, coincidió con Larsen en el mismo barrio. «Yo acababa de tener un bebé y Manolo, al que le encanta pasear, venía conmigo a caminar con el carrito por el parque. Era obvio que la gente nos miraba. Él, tan apuesto, y yo, empujando aquel carrito. Los londinenses se preguntaban cómo habíamos podido adoptar al niño». Para los dos fueron meses difíciles de cambio profesional.

La etapa de Londres se terminó en 1992, cuando Manolo se fue a Polygram y Larsen a los estudios de Universal. Ocho años después las dos compañías se fusionarían y Larsen volvería de nuevo a ser su jefe.

8

No me gusta decir sí

Prefiero decir no, si es así.
Todo el mundo dice sí,
y aunque piensen que es que no,
dicen sí.

Los Pasos
(Manolo Díaz [1967])

Desde las ventanas del hotel aún se podía ver el amasijo de palmeras derrumbadas y cascotes acumulados en las calles. Era el rastro que había dejado el huracán Andrew tras barrer la península de la Florida en agosto de 1992, impactando con especial virulencia en Miami. Mi equipo y yo trabajábamos a contrarreloj en una oficina improvisada en el hotel Grand Bay, en Coconut Grove —un barrio situado en la zona continental de la ciudad—, para poner en marcha la operativa de la nueva oficina regional de Polygram, el proyecto que me habían encomendado. La tormenta no había logrado empañar nuestra ilusión por arrancar esta aventura desde cero.

Polygram tenía unas oficinas aquí y allá en Latinoamérica, y mi misión como nuevo CEO y presidente de la división era montar una red integrada y completa de sedes que cubrieran de forma articulada la región. Después de años en CBS reportando para unos y otros, sentí una auténtica autonomía y poder en este puesto, en un área que además era mi fuerte.

Estuvimos un par de semanas trabajando en el hotel, hasta que se restauró la electricidad en toda la ciudad y nos trasladamos a una oficina provisional. Éramos un equipo muy reducido, con una mayoría de mujeres, y formado al completo por personas de mi total confianza: Marya Meyer, a la que persuadí para que viniera desde Madrid tras coincidir con ella en Sony; la panameña Itzel Díaz; mi asistente Ani Cielo; Paco Bestard para el departamento legal; y Andrew Stokoe como responsable de finanzas. Teníamos poco más que un fax, unos teléfonos y muchas ganas de ser los números uno.

Pese a esta precariedad inicial, desde el comienzo le dije a mi equipo que nuestra estrategia tenía que ser la de salir al ataque. Y el primero que arrancó la ofensiva fui yo, visitando las únicas tres oficinas que ya tenía la empresa en la región, México, Brasil y Argentina, para despedir uno a uno a sus gestores, una mezcla de incompetentes y poco profesionales. Se dedicaban a jugar al golf y al tenis con un *beeper*. La inversión era nula y solo apostaban a no perder mucho dinero gracias al catálogo internacional de la empresa. No tenían producto local.

Para dirigir la oficina de México trasladé a Paco Bestard; e
n Argentina compré un sello local dirigido por Pelo Aprile, que tenía muy buen catálogo de artistas —entre ellos Mercedes Sosa—; y en Brasil puse al frente a Marcos Maynard, al que conocía desde mi etapa en CBS, porque ya era el director de Marketing en nuestras oficinas de Río de Janeiro.

Veía a Brasil como una prioridad en el mercado latinoamericano, y me concentré en levantar las ventas hasta el punto de que terminó siendo casi un 70 por ciento del negocio. Mi llegada a la región, en 1992, había coincidido con un momento de tremendas dificultades económicas en el país carioca y en Argentina. Los equipos de Polygram —que además no eran jugadores relevantes en ninguno de los dos mercados— estaban muy desmotivados, además de hundidos financieramente por los vaivenes de la hiperinflación y las devaluaciones continuas.

Cualquier cantidad que ingresaban la tenían que gastar rápidamente, ya que dos días más tarde valía la mitad. En ese contexto, resultaba casi imposible administrar una empresa. No estaban solos en esto: el resto de la industria tampoco encontraba manera de pagar a sus artistas, que también acusaban una desmoralización generalizada. La situación de nuestros rivales era igual o peor.

Llamé a Maynard para presentarle un objetivo claro: «Vamos a contratar a los mejores artistas de la competencia». Me la jugué, porque sabía que las otras disqueras no podrían hacer contraofertas agresivas (algo que tampoco podríamos hacer nosotros si la situación hubiera sido la contraria). Fue un movimiento un poco suicida, pero que merecía la pena intentar.

Estábamos al acecho de qué contratos se iban extinguiendo para salir rápido a caer sobre los artistas y quedarnos con los mejores nombres del país. Así fue como nos llevamos a Simone, Zeca Pagodinho, Ney Matogrosso, Rita Lee, Roberta Miranda y Zizi Possi. En México, donde la situación era similar, nos hicimos con Emmanuel, Paulina Rubio y Vicente Fernández, al que conocía bien de mis años en CBS.

Con este nuevo elenco de superestrellas en cartera, tenía el fondo de armario adecuado para encarar el giro económico que registraron estos países. En enero de 1995, Fernando Henrique Cardoso fue elegido presidente de Brasil. El año anterior, aún en su cargo como ministro de Hacienda, había impulsado el Plan Real para estabilizar la economía y poner punto final a la hiperinflación. La prosperidad llegó cuando nosotros teníamos unos buenos artistas —contábamos también con el tándem de Gilberto Gil y Caetano Veloso— con los que vender y vender discos. En Argentina, la bonanza económica se hizo esperar algo más, pero en los siguientes ejercicios terminó por presentarse y disfrutamos de los réditos de nuestra audaz estrategia.

La otra fórmula que existe para crecer es comprar compañías, y fue el siguiente paso que dimos una vez que ganamos suficiente músculo financiero. En 1995 adquirimos la mayor discográfica independiente de Latinoamérica, Rodven Records. Tenía su sede en Venezuela e incorporar su catálogo de artistas aumentó, de súbito, nuestra presencia en la región. Quizá pagamos un poco de sobreprecio, pero merecía la pena. El salsero Óscar d'León, Soledad Bravo, Guillermo Dávila, Ricardo Montaner, Willy Chirino o Pablo Manavello pasaron a las filas de Polygram y nos hicimos fuertes en música tropical.

La prosperidad que ordeñamos gracias a nuestra anterior y arriesgada apuesta logró una sinergia inesperada con la llegada del CD, que llenó las arcas de las disqueras tras convertirse en un fenómeno inaudito para la industria. Gracias a él, muchos clientes que ya tenían un álbum en casete o vinilo volvían a comprarlo para adaptarse a los nuevos tiempos. De repente, nos encontramos despachando la mercancía por duplicado.

La mayoría de los grupos seguían queriendo publicar también en vinilo. No medían su éxito por la calidad del sonido, sino por el tamaño de la foto de la carátula. Para nosotros, el cambio de formato no fue especialmente difícil, hacía tiempo que el máster (la obra inicial de la que salen las copias) ya se grababa digitalizado, así que el proceso de producción no sufrió grandes cambios.

Pero duplicamos ventas. Y eso, añadido a la boyante situación económica, nos llevó a conseguir el mayor beneficio que nunca había dado una compañía discográfica en la región, con el destacable éxito de la operación de Brasil. Maynard ya se había ido y al frente de la oficina de Río de Janeiro estaba el joven y brillante Marcelo Castello Branco, que logró en 1997 un resultado de sesenta y cinco millones de dólares. Aquel fue un registro histórico que marcó el punto álgido de la industria musical. A partir de entonces, vino el declive.

En cinco años, Polygram había pasado de ser la tercera compañía en Latinoamérica a convertirse en la líder absoluta. El objetivo que me habían marcado para el bono parecía imposible de lograr. Conseguí superarlo.

Fueron años de viajes continuos en los que volví a tener a Alain Levy como jefe. En su día me dio la oportunidad de ir a París con CBS, y ahora controlaba Polygram como consejero delegado mundial desde Londres. Yo tenía que desplazarme de forma constante al Cono Sur, organizando el montaje de las nuevas oficinas en Colombia, Venezuela y Chile, y también algunas giras importantes con artistas por el continente.

El trabajo era muy exigente. Pero, a mis cincuenta años, me sentía en un momento álgido en lo personal y en lo profesional. Aún conservaba la energía y cierta juventud, y al mismo tiempo tenía una experiencia que me permitía vencer las inseguridades y hacer un excelente desempeño profesional. Sin duda, creo que esa puede ser la mejor década en la vida de un ejecutivo.

En la dura etapa de Londres había recurrido a los somníferos para combatir el estrés y el insomnio. Y los continuos viajes y el jet lag no me daban la confianza necesaria para cortar esa adicción. El lorazepam era algo común en los ejecutivos de la época, siempre siervos de una vida nómada. Como me había sucedido con el tabaco, tuve que sentir que había perdido la dignidad para levantarme una mañana y cortar por lo sano.

Pese a nuestros magníficos resultados, la mayor parte de nuestro negocio en la región pivotaba sobre la venta de artistas «anglos» a los países latinos. En 1999, logramos despachar un millón de discos de U2 en apenas cuatro meses; Bon Jovi estaba haciendo entre medio millón y un millón de ventas por cada uno de sus lanzamientos; y el fenómeno total había sido el cantante italiano Andrea Bocelli, que llevaba 2,4 millones de discos encajados en Latinoamérica, una cifra inaudita para un artista que no era hispano.

Bocelli era una mina de oro, tenía una voz increíble como tenor, con un timbre que expresa más que el del propio Pavarotti y que encanta a un sector de la población adulta con alto poder adquisitivo. Las entradas para sus conciertos alcanzan precios desorbitados de miles de dólares. Les dije a todos los que me reportaban que había que empujarlo con fuerza en todos los mercados de la región. «Manolo, ¿cómo vamos a vender a un tenor? No podemos poner eso como prioridad», se quejaban desde las oficinas locales. Impuse mi criterio y las ventas fueron récord.

En aquel momento, nuestro catálogo «anglo» era muy exitoso, con artistas en cartera como Metallica, INXS, Shania Twain o Sheryl Crow. Pero mi intuición era que después del dulce sabor de la victoria tras haberme quedado con las grandes estrellas de la competencia había llegado la hora de crear nuestra propia cantera de superventas latinos. En este empeño, tenía los oídos muy abiertos a muchas de las grabaciones que los mánager o los pequeños sellos locales me hacían llegar de sus artistas.

Apenas un año después de arrancar la operación en Miami, tuve un flechazo cuando escuché en la radio una canción titulada «La gota fría». El sonido era parte del folclore colombiano, conocido como vallenato, y la cantaba un tal Carlos Vives, que era actor de telenovelas. Había hecho una versión electrónica de un tema que se remontaba a 1938 y que originalmente solo estaba acompañado de un acordeón. Le había impreso un ritmo moderno, incorporando guitarras eléctricas, batería..., dándole al vallenato un sonido totalmente diferente.

Cuando lo escuché me pareció un *hit* tremendo. Le dije a mi asistente que buscara el primer vuelo a Bogotá, y creo que esa misma tarde me estaba viendo con la discográfica local para ver a qué acuerdo podíamos llegar. Vives estaba distribuido por un sello colombiano muy pequeño, Sonolux, que pertenecía a un conglomerado empresarial con líneas de negocio tan diversas como la producción de gaseosas. El acuerdo que cerramos implicaba la distribución del cantante en todo el mundo excepto en Colombia.

Carlos era guapísimo, una especie de potro desbocado en el escenario, y la canción era fantástica. Él cogía el folclore colombiano, la cumbia, el vallenato, y los actualizaba hasta convertirlos en pop, con un acierto increíble. Melodías muy sencillas acompañadas con letras al estilo de *Cien años de soledad*, impregnadas de realismo mágico. En cuanto comenzamos su distribución internacional, el mundo acogió con el mismo entusiasmo que yo aquel vallenato. En Estados Unidos, debutó en el número 46 de Top Latin Albums y alcanzó la segunda posición apenas siete meses después. En Argentina y en España las resistencias para comercializarlo fueron muy grandes. «Eso no va a funcionar aquí», me decían. Menudo ojo. El álbum *Clásicos de la provincia* vendió en España cuatrocientas mil unidades.

Pese al talento del cantante, su mánager terminó por boicotearle la carrera. Lidiar con Manuel Rivera era un auténtico quebradero de cabeza. Ponía por delante exigencias personales que nada tenían que ver con el trabajo de su representado y que fueron apagando a la estrella del vallenato. El tercer disco de Vives se alejaba de este folclore innovador y auténtico que le estaba dando fama en todo el mundo, y trataba de hacer un pop que vimos que no iba a funcionar. Las conversaciones con Rivera se volvieron imposibles y Vives se fue con EMI. Después de un valle de varios años en su carrera, el colombiano firmó con el representante Walter Kölm y volvió a florecer con renovada energía. Pese al cambio de discográfica, conservamos una relación personal que ha perdurado en el tiempo con un cariño mutuo muy grande.

Vives fue pionero en llevar los ritmos colombianos al resto del mundo, y logró un efecto de arrastre sobre la música andina que comenzó a internacionalizarse hasta convertir al país en una superpotencia musical.

Con Juanes tuve otro enamoramiento. Lo había conocido cuando cantaba en un grupo de rock duro colombiano, Ekhymosis. Me gustaban mucho y los había intentado firmar varias veces, pero su sello no los quería dejar marchar y finalmente Juanes, que tenía otras metas personales, se desligó del grupo.

Un día recibí en la oficina un paquete de parte de la mánager mexicana Maruxa Reyes. Contenía unas canciones grabadas de forma casera y una foto Polaroid de un tal Juan Esteban Aristizábal.

Reconocí de inmediato a aquel chico que tanto me gustaba y me dispuse a hablar con Maruxa. Sin avisarme, ella puso también a Juanes en la conversación telefónica. Le dije que quería firmar con el chico y que lo más importante era que se desarrollara como artista con esa personalidad tan fuerte que tenía. Después de años de escuchar negativas y rechazos a su estilo musical, Juanes rompió a llorar al otro lado del auricular. Más tarde, ofrecí a Maruxa cuarenta mil dólares para que no enseñaran a nadie más la maqueta y pudiésemos acelerar el proceso de firma. Juanes nunca tuvo noticia de ese dinero.

Acabábamos de firmar un contrato con el argentino Gustavo Santaolalla para participar a medias en un sello que él quería montar y que llamó Surco. Además de poner dinero, nos encargábamos de la distribución de los discos. Santaolalla era, y es, un auténtico fenómeno, y terminó siendo el ganador de dos Oscar a la mejor banda sonora original con *Brokeback Mountain* y *Babel* (en 2005 y 2006, respectivamente). Trabajábamos para dotar al catálogo de Surco de buenos artistas, y Santaolalla ya había producido a dos grupos muy exitosos como la banda mexicana Molotov y Café Tacuba. Vi claramente que Juanes funcionaría muy bien con Santaolalla, que tenía su centro de operaciones en Los Ángeles.

El primer sencillo, «Fíjate bien», se lanzó en octubre de 2000 y obtuvo un éxito comercial moderado. Vendió bastante, pero no cantidades industriales de discos. Sin embargo, se llevó seis Grammy Latinos, incluido el de mejor álbum y canción del año, porque a la crítica y a la industria les encantó. En una etapa posterior de su carrera, conmigo fuera ya de la discográfica, Juanes optó por un sonido más folclórico, con «La camisa negra», y su trabajo giró hacia un estilo comercial, lo que le granjeó un tremendo éxito internacional.

Colombia era sin duda un filón de artistas con potencial internacional. Recuerdo con profunda tristeza cómo descubrí a Soraya, una maravillosa cantautora a la que un cáncer de mama se llevó por delante con apenas treinta y siete años. Era 1994, y yo estaba volando con destino a Chile en un avión de United Airlines, en clase business. La azafata era una colombiana realmente guapísima con la que mantuve una agradable conversación. En algún momento me dijo que componía música y yo le comenté que trabajaba en una discográfica. Cuando aterrizamos en Santiago de Chile me entregó una cinta de casete, con una tarjeta en la que había dejado escrito sus contactos. Decía que se llamaba Soraya. Me pidió que escuchara sus canciones y que le diera mi opinión, a lo cual accedí, aunque le advertí que sería en un tiempo, cuando regresara a Miami.

De vuelta a mi oficina de Miami, le entregué a Paul Erlich, entonces director artístico del sello, el casete para que lo escuchase. Lo metió en un cajón, junto con otras cincuenta cintas que esperaban una oportunidad, y ya no me acordé más del asunto. Tres meses después estaba trabajando en el despacho con la puerta abierta —una costumbre que he mantenido desde siempre— y comencé a oír una melodía que me encantó, así que salí de un salto intrigado buscando el origen. Vi que el sonido venía de la oficina de Erlich y le pregunté:

—¿Qué es eso tan bonito que está sonando?

—No sé, algo que me diste tú hace unos meses de una azafata que conociste en un vuelo.

La canción se llamaba «De repente» y era una belleza, así que citamos a Soraya en las oficinas y en un movimiento muy arriesgado decidimos firmarle un contrato. Tuve un pálpito y una inmensa fe en ella. Decidimos que grabara su primer disco en Londres, con los productores de Tanita Tikaram (algo que en realidad resultaba desproporcionado, porque era una chica que estaba empezando). La grabación fue carísima, pero Soraya nos devolvió el esfuerzo con creces, con un repertorio brillante que vendió medio millón de unidades en Alemania. Aunque el éxito no fue masivo con ese primer disco, lo que realmente truncó su carrera fue su terrible enfermedad, que se le diagnosticó en el año 2000.

Cuando ella era adolescente, su madre ya había fallecido debido a la misma dolencia, y otros familiares también la padecían.

Ella siguió componiendo durante su enfermedad, a la vez que colaboraba en diversas campañas en la lucha contra el cáncer. En 2004, recibió el Grammy Latino al mejor álbum de cantautor por su disco homónimo, superando a las candidaturas de Serrat o Juan Gabriel.

Soraya compuso hasta el final, hasta su terrible fallecimiento en 2006. Aunque para entonces yo ya me había ido de la discográfica, ella siguió siendo parte de mi familia extendida, así que nuestra relación personal era ya independiente del trabajo. Ver su lenta agonía fue devastador. En algunos momentos parecía que se iba a curar, para luego recaer otra vez. Fui testigo a cámara lenta de cómo se apagaba una mujer tan talentosa, bella por dentro y por fuera.

Uno de los últimos fichajes que hice en esa época fue el de Luis Fonsi, un puertorriqueño con una preciosa voz y una gran sensibilidad que se presentó en nuestras oficinas armado con su guitarra para tocar en directo su repertorio. Era un representante genuino de esa generación de latinos estadounidenses que se habían criado por completo en los dos idiomas, un bilingüismo que incorporó a sus letras con total naturalidad.

Su primer disco tan solo triunfó en Puerto Rico, pero la industria todavía daba tiempo y espacio a los artistas para desarrollarse y con el segundo ya llegó el éxito internacional. Luis Fonsi tuvo margen y apoyos para madurar su carrera, que alcanzó el punto álgido con «Despacito». Para entonces, yo ya había abandonado la industria musical para entrar en la Academia Latina de la Grabación (Laras).

También medié en 1999 en la firma de Enrique Iglesias por la rama estadounidense de Universal Music. Enrique, al que yo conocía desde niño, había lanzado sus primeros discos con un pequeño sello, Fonovisa. Habían sido un éxito increíble, los gringos estaban locos por él, y ya con su primer álbum, *Enrique Iglesias*, en el que se incluía el éxito «Una experiencia religiosa», logró alzarse con un Grammy en 1997.

Las negociaciones fueron delicadas y largas, e hice malabarismos para que estos tratos con Enrique no afectaran a mi amistad con su padre, Julio. Finalmente, Enrique firmó un contrato multimillonario, de los más altos de la época. Mi relación con Julio salió indemne de este lance.

Mientras el mercado de América Latina iba para arriba aprovechando las sinergias del idioma, el de España, un poco por esnobismo, se fue alejando en esos años del continente y se dedicó a la imposible tarea de conquistar el resto de Europa. Ese error táctico tuvo consecuencias catastróficas para los autores españoles, que perdieron su mercado natural durante esta década.

También en esos años, que fueron muy felices y fructíferos en lo profesional, me tocó sufrir el dolor por la enfermedad y fallecimiento de mi madre. Al poco de nuestro regreso a Miami, mi madre comenzó a dar síntomas de demencia senil que se agravaron de forma muy rápida. Aún pudo venir a visitarnos alguna vez, pero pronto se volvió dependiente, y mis hermanos y yo tomamos la dura decisión de ingresarla en una residencia.

Falleció el 31 de julio de 1998, y en el momento que me llamó mi hermano Luis para contármelo sentí un inmenso alivio porque no podía soportar verla en ese estado vegetativo en el que había entrado. Sin embargo, con el tiempo, un gran dolor fue creciendo en mi interior, con la sensación de que no había cuidado lo suficiente de ella ni habíamos pasado juntos el tiempo que se merecía. Mi madre siempre me había apoyado en las grandes decisiones que había tomado en la vida. Aunque no entendió al principio mi vocación por la música, luego fue mi fan número uno. Lo que a mí me gustaba, a ella también. Siempre había tenido una mente muy abierta y se moría de risa con mis historias, un poco exageradas y siempre cómicas.

Una noche, meses más tarde, me puse a tocar el piano en mi casa de Coconut Grove. Es una actividad que me libera del estrés y en aquella casa la acústica era muy placentera. Noté que alguien posaba una mano sobre mi hombro y sentí el aliento inconfundible de mi madre en la nuca. Me dijo: «Muy bien, Manolín. Muy bien, Manolín…». Y desapareció.

Cuando estábamos organizando sus cosas en el piso de Madrid, encontramos una carta que era una especie de legado hacia los tres hermanos. Nos pedía que cuando ella no estuviera hiciéramos todo lo posible por llevarnos bien y que nuestros hijos crecieran juntos. Para mi esposa Rose, ese escrito fue como una especie de mandato divino y decidió que teníamos que comprar una casa en Luanco, el pueblo asturiano donde nuestra familia había veraneado cuando éramos niños, y pasar allí largas temporadas. Mi hermano José Ramón nunca había dejado de veranear allí, pero Luis y yo sí nos habíamos alejado del pueblo. Los dos seguimos el deseo de mi madre y nos unimos a mi hermano para que nuestras familias pasaran largas temporadas juntos.

Comprar esa casa fue un acierto. Mi hijo Rodrigo se enamoró de Asturias. También lo hicieron mis suegros y mis cuñados, así que al final se convirtió en una especie de centro neurálgico del ocio de toda la familia. Terminó siendo, además, el punto de encuentro con mi hija Vanessa, que años después viviría en Alemania, y con mis nietos mayores, Emily y Nicolas. El objetivo principal, que era volver a estrechar lazos con mis hermanos, se cumplió. Asimismo, gracias a esa casa regresé a mis raíces asturianas y ovetenses, donde mi carrera como ejecutivo de la industria de la música volvió a ser reconocida.

Los éxitos y fracasos musicales de esos años tuvieron como telón de fondo un panorama empresarial muy complejo. Las compañías discográficas acababan de arrancar un importante proceso de consolidación, espoleadas por la bonanza económica y el acceso fácil a los créditos. La selección de artistas y la gestión de los músicos cada vez estaba más marcada por los criterios financieros. Los ejecutivos se regían por un sistema perverso de bonos que los llevaba a tomar las decisiones con el único objetivo de garantizar sus ganancias personales del siguiente año, y no con la mirada puesta en el largo plazo y en qué era mejor para el futuro de la compañía en su conjunto.

Polygram, que pertenecía al grupo industrial holandés Philips, escaló hasta llegar a ser en 1997 la discográfica más grande del mundo, liderando en música clásica, con los sellos Deutsche Grammophon, Decca y Philips; en jazz, con Verve y Blue Note; y en pop con un importante grupo de firmas, entre ellas Mercury, Phonogram, Motown, London, A&M, Interscope, Def Jam, Republic, Island y Polydor. Pero en 1998, con el dinero como única explicación, el grupo Philips vendió Polygram a la compañía canadiense de licores Seagram por la desorbitante cifra de casi once mil millones de dólares.

Seagram estaba liderada por el heredero de la saga familiar Bronfman, Edgar Bronfman Jr., que tenía ambiciones artísticas y musicales. En 1995 ya había comprado los estudios MCA, responsables de la producción de *E. T.* y de los parques temáticos de Universal. Desembolsó seis mil millones de dólares en lo que luego quedó claro que fue una sucesión de desastrosas decisiones empresariales.

Para financiar aquella primera incursión en el mundo del entretenimiento, Bronfman había vendido la participación familiar en el conglomerado industrial Dupont. La prensa cualificada, como *The New York Times* o *Forbes*, apuntó a que esa venta, motivada solo por sus ansias de ser productor de películas, se habría llevado por delante la fortuna familiar, pero también a las empresas con las que jugó a ser artista.

A Bronfman, hijo y sobrino de los propietarios de los licores de la marca Seagram's, le gustaba escribir canciones, en especial de música pop. Esa era una gran motivación para convencer a su adinerada familia de invertir la friolera de dieciocho mil millones de dólares bajo la marca Universal Music.

En el momento de la compra no podíamos imaginar cómo terminaría aquella extraña fusión. Ya bajo su liderazgo, fui confirmado como «President CEO» de las operaciones en Latinoamérica en lo que pasó a llamarse Universal Music Group. Sin embargo, mi jefe y mentor, Alain Levy, al que la operación pilló completamente por sorpresa, no continuó en el cargo. Pasé a reportar a Jørgen Larsen, un ejecutivo que venía de gestionar MCA de forma exitosa y que ya había sido mi jefe en mi etapa de CBS, a finales de los ochenta, en Madrid.

Larsen no era un tipo nada fantasioso y le gustaba realmente la música (a lo largo de mi carrera, me he encontrado ejecutivos en el sector que no la entendían), tocaba el piano y era políglota. Como danés, tenía un gran dominio de los países del norte de Europa, que son unos mercados difíciles de acceder y comprender para los latinos.

Trabajar con él me resultaba estimulante y me ayudaba a tomar decisiones arriesgadas con la contratación de algunos artistas, pero su pericia en manejar la parte artística tuvo que acoplarse a un difícil momento empresarial que ensombreció su gestión.

A los nuevos accionistas de Polygram, ahora Universal, les tocó lidiar con el momento más crítico de la historia de la industria de la música. En 1999, un jovencísimo informático estadounidense, Shawn Fanning, lanzó una plataforma que posibilitaba a sus usuarios descargar contenido de internet de manera gratuita. La bautizó Napster. Según las estimaciones de la época, para 2001 ya tenía alrededor de ochenta millones de usuarios en todo el mundo descargando nuestra música sin abonarla. Al contrario que la mayoría de los ejecutivos del sector, yo veía con entusiasmo la llegada de la venta online de la música grabada. Me parecía una oportunidad para incorporar la distribución a nuestras líneas de negocio.

Fue también en noviembre de 1999 cuando logramos convencer a Bronfman de hacer una inversión estratégica de diez millones de dólares en una *start-up* llamada Eritmo.com. Para la época, era una página web innovadora y tecnológicamente avanzada, especializada en música latina y fundada por Raúl Vázquez.

Universal Music Group me nombró su representante en la junta directiva de este proyecto. Logramos sumar a otros accionistas, que también estaban en la junta de esta aventura, como la discográfica alemana BMG y el banco de inversión Merrill Lynch, aunque el mayor inversor era la compañía que yo representaba.

Como no había antecedentes de cómo hacer esta distribución (no existían todavía el programa de Apple, iTunes, ni otras plataformas, como Spotify), propusimos un programa piloto en Puerto Rico para descargar música mediante suscripciones. Esta isla caribeña es un mercado ideal para hacer pruebas. Con sus más de tres millones de habitantes, tiene una intensa actividad musical y medios de comunicación potentes, lo que nos permitía ensayar un plan de marketing para aproximarnos a los potenciales compradores de música en línea.

Nunca logramos la autorización de Universal para usar su repertorio latino en Puerto Rico. Los abogados de la compañía desaconsejaron la prueba por miedo a crear precedentes con la fijación de precios en la venta online de música.

Sin test, pero, sobre todo, sin repertorio, Eritmo.com fue enviada a la guillotina y desapareció un par de años después. No solo fue una equivocación nuestra. La industria discográfica al completo, por miedo a cometer errores con la venta online, optó por no hacer nada. Pasaron años quejándose de las descargas ilegales, pero hasta la llegada de iTunes no les dieron a los consumidores la posibilidad de comprar legalmente sus productos en el formato que el mercado demandaba. Aquel hubiera sido un momento perfecto para crear una alianza entre varios sellos y montar una gran plataforma de distribución digital. Nuestra rivalidad no favorecía ese proceso, pero Universal tenía el tamaño suficiente como para haber intentado crear su propia distribuidora en solitario. El precio que la industria pagó por sus errores, al no hacer frente a la revolución digital, fue muy alto.

Cuando por fin, alrededor de 2015, las discográficas encontraron un modelo, habían perdido la mitad de su valor. Fue en ese momento que los distribuidores digitales de música —que pagan poco y maniobran constantemente a través de sus lobbies para pagar aún menos— comenzaron a aportar ingresos a los dueños de los derechos de propiedad intelectual de las canciones. Plataformas como iTunes, Google Play, Amazon Music, Spotify, YouTube, Pandora o Vevo ocuparon el espacio de la distribución digital de la música, algo que las grandes multinacionales deberían haber hecho casi veinte años antes. Son estos proyectos los que se han convertido en el motor económico de una industria que solo en los años 2020 ha conseguido ver de nuevo la luz al final del túnel de una larga crisis creada precisamente por esos mismos verdugos.

En clave interna, Universal atravesaba sus propios problemas corporativos, fruto del enorme coste de la operación de fusión inicial. Para montar lo que fue un imperio del entretenimiento, los Bronfman tuvieron que incurrir en una abultada deuda cuyos intereses tenían problemas para pagar. Así que, apenas dos años después de crear el conglomerado, el heredero canadiense decidió vender la compañía por treinta y dos mil millones de dólares, pagados en su mayor parte en acciones, al grupo francés de servicios Vivendi, cuyo principal negocio era el saneamiento del agua. De repente estábamos en un conglomerado de entretenimiento y depuración de aguas fecales.

Como la operación estaba sustentada en el precio de las acciones, cuando las de Vivendi comenzaron a desplomarse, el flamante entramado empresarial incurrió en nuevos problemas.

El nuevo consejero delegado de la empresa, rebautizada como Vivendi Universal, Jean-Marie Messier, reunió en Orlando a la alta dirección de su dispar compañía. Fui allí de buena fe a conocer por primera vez a ejecutivos que se dedicaban a cualquier línea de negocio menos a la música. El jefe cogió el micrófono y no dejó de hablar en todo el día, sin permitir que interviniera ninguna otra persona. Fue tal el acaparamiento del micrófono que hasta nos daba las instrucciones para subir al autobús.

Yo pensaba que nos iba a plantear alguna estrategia inteligente, pero solo habló de buscar sinergias entre las diferentes líneas de negocio. Por más vueltas que le di, no podía encontrar esas sinergias entre las aguas fecales y la música. Fui escuchando las chorradas que contaba durante varias horas y concluí que solo había comprado la empresa para hacerse fotos con los artistas.

Decidí que no quería quedarme a presenciar la debacle. Las decepciones se iban sumando unas a otras: primero la inacción frente a la llegada del comercio digital y luego aquella sucesión de absurdas fusiones empresariales.

En junio de 2001, a las puertas de mis sesenta años, expiraba el contrato que había firmado con Polygram y que había heredado Universal. Un representante de la empresa se reunió conmigo para negociar una extensión por una suma importante de dinero.

—¿Por qué te vas? —me preguntó este alto ejecutivo.

—Ya no creo en el proyecto —le dije.

—Yo tampoco creo, pero quiero seguir volando en clase business.

Este diálogo marcó el devenir de un tiempo en el que la industria de la música se perdió a sí misma.

Apenas un año después de mi marcha, Messier fue obligado a dimitir por las pérdidas récord registradas por la compañía, que desplomaron la cotización del grupo en bolsa. El regulador bursátil estadounidense acusó a Vivendi de haber manipulado la información entregada a los accionistas durante esos años para dar imagen de mayor liquidez. Tiempo después, un tribunal penal francés condenó a Bronfman por utilizar información privilegiada entre los años 2000 y 2003 y a Messier por uso indebido de fondos de la empresa.

Pido al mundo, por favor,
que nunca, nunca, nunca, me engañe.

«No me gusta decir sí», Los Pasos
(Manolo Díaz [1966])

Durante los noventa, Miami se convierte en la incubadora de un nuevo fenómeno musical: las superestrellas latinas globales. En una década marcada por el reinado del rock y el sonido grunge, la música en español comienza a despuntar con personalidad propia, fruto de una generación de estadounidenses criada entre las dos culturas. La tarea de Manolo en Polygram es montar y gestionar una nueva estructura regional que terminará generando estrellas internacionales dispuestas a hacer saltar las costuras del continente. Será un proceso irreversible, en el que lo latino se quita de encima los complejos y se convierte en sinónimo de éxito.

El español sale de sus guetos y comienza a convertirse en la lengua vehicular de Miami, enriqueciéndose con la llegada de migrantes provenientes de otras zonas del continente, más allá de Cuba. Es el turno de los colombianos, panameños y venezolanos, que van ampliando los acentos y los ritmos en Estados Unidos, hasta ahora muy dominados por lo puertorriqueño y lo mexicano. Univisión apuntala su reinado y ofrece cada vez más alternativas audiovisuales para un creciente público de habla hispana. Es la década de las telenovelas del Cono Sur y de los *talk shows* que rivalizan con los mejores programas estadounidenses. El lanzamiento de MTV Latinoamérica también otorga cohesión a la región, que por fin cuenta con su propia plataforma de difusión masiva de canciones.

La economía acompaña este impulso, en una década de fuerte crecimiento, primero en Estados Unidos y luego en el resto del continente, hasta contagiarse de una dorada expansión con la que cierra el siglo XX. Los clientes consumen mucho, y las empresas gozan de liquidez para invertir y, en cierta forma, también para malgastar, creando complejos sistemas de incentivos para los ejecutivos, millonarios contratos para los artistas y una sofisticada red de remuneraciones capaz de atrapar el talento dentro y fuera de las oficinas.

Manolo se topa con el caldo de cultivo ideal para crear unas superestrellas que la recién estrenada globalización exporta sin problemas al resto de los continentes. Adiós a aquel meticuloso estilo de promoción que se había creado para internacionalizar a Julio Iglesias, cuando había que trabajar cada mercado por separado, adaptando el repertorio al idioma y los gustos locales. Lo latino y el español no necesitan ya traducción.

La primera de estas superestrellas es Carlos Vives, curtido en las telenovelas de finales de los ochenta, que moderniza la música tradicional colombiana, el vallenato, hasta convertirla en un ritmo universal. Manolo tiene la intuición de que ese vallenato electrónico, materializado en «La gota fría», tiene todos los elementos de un *hit*, y apuesta muy fuerte por el cantante.

El cantante recuerda con nitidez cómo conoció al ejecutivo, con el que no había tenido trato directo en el momento de entrar a formar parte del catálogo de Polygram. Vives estaba dando un concierto en Ciudad de México, y la compañía le avisó de que Manolo Díaz estaría entre el público. «Me puse tan nervioso de tener que actuar ante él que cambié la letra de la canción», recuerda. Como hace de forma habitual, al final de la actuación Manolo pasó a saludar al artista a su camerino. Vives rezaba porque no se hubiera percatado del fallo. Pero fue lo primero que le preguntó: «¿Cambiaste la letra de la canción?». Y él contestó muy rápido: «Es que en el vallenato se improvisa».

Esta anécdota marca el inicio de una estrecha amistad entre ambos, que no se rompe pese a que Polygram no renueva con él debido a las desavenencias con su mánager. Carlos Vives será el encargado de entregar a Manolo un Premio Grammy treinta años después.

«Impresionaba con su look tan elegante, pero también con su humildad y su capacidad para escuchar», describe Vives, que recuerda con mucho cariño cómo al inicio de las giras Manolo se presentaba durante la madrugada en la recepción del hotel, listo para despedirlos, una costumbre infrecuente en los presidentes de las compañías.

El colombiano atravesó una época de altibajos profesionales debido al cambio de discográfica y al mal asesoramiento de su mánager, y por eso destaca que en esos primeros años de carrera en Polygram se sintió muy «protegido, importante y con oportunidades».

A Manolo siempre le ha gustado conectar a estrellas de la canción en español con sus alter ego en el mercado anglosajón. En los ochenta lo hizo con Víctor Manuel y Leonard Cohen, en un almuerzo en el madrileño restaurante La Dorada, donde ejerció de traductor para que los dos artistas se conocieran.

Con Vives encontró similitudes con Bruce Springsteen por su voz, su carisma y su forma de dar a conocer de forma mundial algo que se puede considerar un folclore local. Así que, en cuanto tuvo la oportunidad, los presentó en un concierto del Boss, en Florida.

«Yo no hablaba ni una palabra de inglés y no conocía mucho la música que hacía Springsteen. Me quedé maravillado con cómo conectaba con el público estadounidense», rememora el cantante. Era una época en la que los estilos y géneros de música no eran tan estancos y los artistas se interrelacionaban entre sí. Vives recuerda con mucho humor el hecho de compartir gira con Kiss por Argentina, cuando no se etiquetaba tanto la valía de los músicos por su estilo.

Él fue uno de los primeros artistas en llevar la música colombiana al resto del planeta, un poco antes de que Shakira —de quien se considera amigo y con la que ha colaborado múltiples veces— arrasara con sus álbumes. Colombia se ha acabado convirtiendo en una auténtica superpotencia musical, con Juanes, Maluma, Karol G o Camilo, que cantan en español para todo el mundo y sin complejos.

Manolo es también artífice de la carrera de Juanes, que asegura ser quien es gracias a cómo Carlos Vives abrió las puertas de la música de su país a otros ritmos y la sacó de sus fronteras. El éxito de «La gota fría» dio alas a Juanes y a una generación de músicos locales para transformar sus ritmos en un lenguaje universal. «En cierta forma, todos los artistas de la música colombiana contemporánea somos hijos de Vives», reflexiona.

Juanes es uno de los artistas latinos más premiados a lo largo de su carrera, con cuatro Grammy y hasta veintiséis Grammy Latinos, un palmarés de récord. Pero en sus inicios comió «mucha mierda» en Los Ángeles, donde recaló para intentar conquistar Estados Unidos. Fueron tres años muy duros, sin éxitos hasta que Manolo oyó su demo y apostó por él. «Cuando lo escuché decirle a mi mánager que lo más importante era que yo me desarrollara como artista, que me tenían que dar tiempo e invertir en mi carrera, yo quería llorar. Durante tres años, solo había escuchado que mi música era rara, mis letras violentas, que mi aspecto no estaba bien y que tenía que cambiar para triunfar en la música. Manolo creyó en mí tal y como era».

El ejecutivo lo emparejó con Gustavo Santaolalla, el productor soñado por Juanes, y a partir de ahí la carrera fue creciendo vertiginosamente. Solo coincidieron en los dos primeros álbumes en Universal, pero Juanes tiene claro que fueron los que sentaron las bases para su éxito posterior. Tras una terrible experiencia con su primera mánager, Manolo le aconsejó ponerse en las manos del representante de Enrique Iglesias, Fernán Martínez, que condujo los siguientes diez años de carrera al colombiano. «Manolo dio la orden de dejarme brillar como yo era, sin más», dice un Juanes emocionado años después.

«Tengo un recuerdo maravilloso de un concierto de Molotov al que fui con mi padre y Juanes, cuando acababa de firmar para lanzar su carrera», rememora Rodrigo, el hijo de Manolo. «Aún no lo conocía nadie, y vino con nosotros a saludar a Molotov, que le encantaban, al camerino. Al salir, mi padre me dijo que Juanes iba a ser una superestrella, y así fue».

La posibilidad de permitir a los artistas un margen para desarrollarse, incluso lanzando discos cuya calidad no se traducía en ventas, desapareció en los años siguientes y ya no existe en la industria de la música de la era digital. Luis Fonsi echa la vista atrás y lamenta ese profundo cambio en la forma de hacer crecer a los artistas. «Con lo joven que era cuando comencé, claro que hubiera querido que mi primer éxito fuera "Despacito". Pero tenía que evolucionar, hacer unos primeros álbumes menos comerciales hasta que encontré mi estilo, que condujo a crear un *superhit*», explica el puertorriqueño.

A diferencia de Juanes y Vives, Fonsi es un exponente de esa generación de estadounidenses híbridos, educados en dos idiomas y dos culturas. Estaba aún en la universidad cuando Manolo le dio la oportunidad de grabar su primer álbum. «Fui a conocerlo con mi guitarra, un demo y unas fotos que me había hecho un amigo. Salí con un contrato. Era un sueño para un chico de mi edad». Un año antes había tenido la opción de firmar con Sony para producir un disco como salsero, pero pese a su juventud lo rechazó porque no era el tipo de música que estaba en sus planes. Aunque el bilingüismo es una de sus principales armas, lo que le gusta de verdad es componer las baladas en español, una lengua con la que cree que se conecta mucho mejor con temas románticos.

Su primer disco solo gozó de buena acogida en Puerto Rico, pero esa progresión lenta es lo que más añora el cantante. «Había tiempo, tiempo para desarrollar, para sentarse a pensar, para buscar la imagen, el tipo de música. Me dijeron: "Te vamos a firmar para que hagas la música que tú quieras hacer". Ahora todo va muy rápido, ya no hay tiempo para que un equipo de gente se siente a planificar tu siguiente paso», dice el cantante. Su segundo álbum, *Eterno*, que aún tenía una factura tradicional, fue lanzado en el año 2000 y lo llevó al éxito internacional. El artista recuerda que primero se lanzaba un single, se le dejaba funcionar unos tres o cuatro meses y después se preparaba el lanzamiento de otro sencillo. En medio, se planeaba cómo salir en cada mercado. «Hoy se aprieta un botón y el mundo entero escucha un tema».

Raúl Vázquez, uno de los fundadores de la web Eritmo.com, con la que se asoció Universal para crear una plataforma de distribución fallida, lo ve exactamente igual. «Ahora se apuesta por Bad Bunny, que ya es un producto desarrollado y se promociona tal cual llega». Vázquez vio cómo con la llegada de lo digital, los conceptos más básicos de la industria fueron desapareciendo, primando solo el conseguir audiencia. «Nos volvimos el salvaje Oeste».

Fonsi valora la confianza que Manolo depositó en él: «Vio algo que no vieron los demás». Y no le metió prisa, lo que propició una evolución natural en el mundo de la música que luego lo llevaría a posicionarse como el autor del mayor superventas latino. «Me encarriló por el camino correcto y aquí estoy, veinticinco años después».

Testigo de este proceso fue Carlos Sánchez, en esos años responsable de la filial estadounidense de Universal Latino. «Manolo supo percibir que había algo en Fonsi, pese a que no rompió hasta su segundo álbum. Se percató de que había algo ahí, algo medio gris, un potencial».

Vives, Juanes y Fonsi tienen en común la originalidad de sus propuestas, con un sello muy inconfundible desde el primer momento. No se parecía a nada de lo que sonaba cuando debutaron. El mercado fue perdiendo esa impronta, y en la actualidad se retroalimenta apostando por estilos y modelos de artista que ya han tenido éxito. «Si ven algo original, te lo intentan cambiar», lamenta Vives. La nueva música es fruto de la imitación.

Marcelo Castello Branco, durante esos años al frente de la presidencia de Universal en Brasil, se enorgullece de que la discográfica fuera capaz de aunar lo comercial con la música trascendente. En la casa, creaban productos que perduraban en el tiempo y que hacían cambiar la banda sonora del momento. Pone como ejemplo a Caetano Veloso, menos comercial que el artista de la competencia Roberto Carlos, pero con un estilo de música que marcó a toda una generación.

Brasil era (y es) el mercado más importante de Iberoamérica, con la particularidad de que no escucha apenas música en español y muy poca en inglés. El suyo es un público ensimismado, pero a la vez con un altísimo nivel de consumo de productos audiovisuales. No es fácil de entender, así que Castello Branco ensalza la capacidad de Manolo de ahondar en esas singularidades y dejarles actuar, logrando que la discográfica fuera líder en la región durante seis años.

Los beneficios récord que se obtuvieron a mediados de los noventa pusieron a la industria en ebullición y fomentaron algunas prácticas que distorsionaron la gestión de las empresas. Los ejecutivos contrataban abogados para negociar sus contratos con las compañías, y se acordaban paquetes en los que se podía incluir desde un coche hasta un crédito blando para comprar una casa. La presión por conseguir los objetivos era altísima, y el incentivo pasaba por obtener resultados en el año en curso, sin sentar las bases para el medio plazo de la compañía o de la carrera de los artistas. Manolo siempre vio en este esquema acción perverso una de las fuentes de inestabilidad de la multinacional. A lo largo de su carrera, ha rechazado contratos con indemnizaciones millonarias.

Para mitigar la competitividad y la tensión que planteaba aquel sistema de bonus, su énfasis estaba en generar un buen ambiente entre sus ejecutivos y el resto de la plantilla. Fue probablemente uno de los primeros líderes empresariales en «mandar» a base de fomentar el trabajo en equipo. Castello Branco, que hoy preside la gestora de derechos de autor más importante de Brasil, recuerda una intensa hermandad entre los altos cargos de la empresa, algo que auspiciaba Manolo y que resultaba poco frecuente en la cúspide de las multinacionales. «Alain Levy —el CEO de Polygram— era muy de presionar, pero Manolo protegía a su equipo», recuerda el brasileño, uno de los ejecutivos más asediados por el sistema de objetivos al ser responsable de dos tercios del beneficio de la compañía. «Apoyaba la gestión del que estuviera más frágil y generaba un sentimiento de equipo muy fuerte. A la vez, nos llevaba a un estado de carcajada continua».

Pero este rol de Manolo como parachoques de la presión por los objetivos también le pasó mucha factura en términos de estrés. Fueron años de muchísimo trabajo, de noches sin dormir y menos vida familiar de lo que a él le hubiera gustado.

«Entre semana, prácticamente solo lo veíamos en el desayuno», dice su hijo Rodrigo. «Pero los domingos para mi padre eran días sagrados familiares y nunca podíamos tener planes separados. Íbamos a la playa o en barco, después a misa, y al final terminábamos el día yendo al cine. Tengo un recuerdo maravilloso de esos domingos», rememora.

Rodrigo también recuerda cómo su padre se abrió a las músicas que a él le habían comenzado a gustar, como el hip-hop o el rap. «Eminem le parecía algo revolucionario. Un rapero blanco criticando la cultura popular y diciendo palabrotas. Consiguió que yo lo conociera, para mí fue como encontrarme con Batman».

Su hijo cree que esos años de tanto trabajo en el mundo del entretenimiento lo volvieron algo antisocial y lo llevaron a valorar cada vez más pasar tiempo en familia y en casa. En 1995, su hija Vanessa se mudó a Miami para estudiar cine. «Le propuse ir a una residencia universitaria unos meses para conocer gente, pero no me dejó. Dijo que por fin podíamos disfrutar de vivir juntos», recuerda Vanessa, que finalmente entró a trabajar en Universal Music Latino, siguiendo los pasos de su padre, tras graduarse de la Universidad de Miami. «Me hizo cambiarme el apellido y usar el de mi madre, Brunner, para que en la compañía nadie supiese que éramos familia y no me trataran diferente».

Uno de los recuerdos que Tamara, su segunda hija, guarda de esa época es la ternura con la que Manolo cuidaba a su madre, que al perder la memoria lo confundía con frecuencia con su marido. «Cuando Bita —el nombre por el que llamaban a la abuela— estaba bien, ellos dos eran muy divertidos. Les gustaba poner caras graciosas y hacer bromas, tenían mucho sentido del humor», dice Tamara.

Pese a este aprecio por la intimidad familiar, Manolo tenía que ejercer en público un papel de anfitrión y casi de animador. Convertía las convenciones de la empresa en auténticas exaltaciones de compañerismo. La camaradería, la cooperación y la horizontalidad son características que citan los distintos colaboradores de Manolo en la época, desde los presidentes regionales hasta su secretaria. Supo generar un espíritu de equipo que marcó su liderazgo durante esos años. Sucedió mucho antes de que ese tipo de gestión abierta y democratizadora se impusiera en las escuelas de negocio. «Ahora parece normal, pero entonces no lo era», remarca Carlos Sánchez. «Los líderes eran muy autoritarios».

Antes de que Mark Zuckerberg pusiera de moda su famoso armario minimalista, Manolo también tenía un uniforme de trabajo. «Aparecía con su sonrisa cada mañana con su *white polo* y *khaki pants*», recuerda su secretaria Ani Cielo. «Solo cambiaba el modelo para ir a fiestas o eventos».

Ani, Marya Meyer —responsable del marketing internacional— e Itzel Díaz —responsable de los artistas latinos y europeos—

conformaban su guardia pretoriana, que se había liberado de las cargas del pasado en CBS para constituir una familia elegida que trascendería de la esfera profesional. Las tres han terminado siendo grandes amigas de su jefe, pese a que sus trayectorias profesionales tomaron rumbos separados en 2001. Como mujeres, se sintieron apoyadas y dignificadas en un entorno empresarial que seguía siendo mayoritariamente masculino.

Manolo compraba regalos de Navidad para sus empleados, organizaba fiestas y, cuando veía baja «la moral de la tropa», se los llevaba a tomar unas cervezas al bar de enfrente, donde hacía el payaso para diversión del equipo. «Luego era el que más trabajaba de todos, así que te apetecía responder trabajando también muchísimo», recuerda Meyer. «Querías hacerlo feliz».

«Haber trabajado con Manolo fue como obtener un máster en la industria. Su conocimiento y sensatez con respecto a los artistas, sin importar el género musical, era insuperable. Era un auténtico hombre del Renacimiento», apunta Itzel Díaz.

Sin embargo, no era un buenista. Su primera decisión al entrar en Polygram fue despedir a varios ejecutivos, y reaccionaba con dureza a las traiciones. «Era poseedor de una terrible sinceridad. No venía a decirte lo que querías escuchar. Pero es algo que se agradece en un negocio con tantos egos», recuerda Carlos Sánchez. Aunque el autocontrol le había permitido aplacar casi por completo su carácter, Cielo, la secretaria, también recuerda que puntualmente podía tener mucho genio. «Pero ya se lo notábamos en la cara temprano por la mañana. Ese día había silencio sepulcral», se ríe Cielo, que lo ve muy anecdótico dentro de una relación cariñosa y entrañable que tuvieron durante años.

Esta década continuada de residencia en Miami también le permitió asentar su haz de relaciones y un grupo de amigos estable, entre los que sigue destacando Julio Iglesias, pese a que por primera vez no trabajaban para la misma discográfica. Además, recuperó la relación con Tomás Muñoz, rota durante algunos años. El productor cordobés se compró un apartamento en

Miami, y eso mantuvo el vínculo de Manolo con los artistas de CBS-Sony, a los que veía en las fiestas de Muñoz.

En 1994, Rose persuadió a Julio de que diera un concierto benéfico a favor del hospital Jackson Memorial. Era un momento muy duro para la sanidad estadounidense. Las unidades de urgencias estaban cerrando por falta de rentabilidad, y no se atendía a la gente sin seguro privado. El padre de una buena amiga de Rose trabajaba en el centro médico y les pidió ayuda para lograr la financiación de una división de traumatología que pudiera atender a los pacientes que hubieran sufrido un accidente.

Julio protagonizó un mítico concierto en el hotel Intercontinental para trescientas personas, en el que lanzó su álbum en inglés *Crazy*. Los comensales pagaron unas ciento cuarenta mil pesetas (que al cambio de hoy serían unos dieciocho mil euros) por pasar la velada con él. El nuevo pabellón del hospital se logró hacer.

Rose había regresado a Miami decidida a recuperar sus proyectos de teatro. Junto con su amiga y socia, Ellen Beck, lanzaron el Florida Shakespeare Festival, que sufrió el golpe del huracán Andrew al destruir parte del teatro donde tenían previsto realizar las actuaciones, el Minorca Playhouse. Encontraron acomodo en las instalaciones del hotel Biltmore, un edificio histórico del distrito de Coral Gables, donde terminaron fundando un proyecto estable, el Gables Stage, todavía uno de los teatros más activos en Miami. Rose pudo así recuperar parte de su carrera, aunque casi todo el tiempo trabajaba sin remuneración para ayudar a que el teatro saliera adelante. Simultaneó su pasión con un brillante proyecto como agente inmobiliaria.

«Mi madre es la fan número uno de las canciones de mi padre», recuerda Rodrigo. «Me encanta verlos tocar el piano y cantar juntos. Mi madre tiene una voz increíble y fue una de las cosas que más sedujo a Manolo». Como buenos irlandeses, «Danny Boy» termina coronando las reuniones familiares.

Los otros amigos estables de la pandilla, hasta el día de hoy, han sido Ramón Arcusa, productor de Julio y miembro del Dúo

Dinámico, y Danny Daniel, compositor del éxito «Por el amor de una mujer». También el cónsul español, el asturiano Javier Vallaure. Se citaban religiosamente los miércoles para tomar fabada o cocido madrileño.

La amistad con el Dúo Dinámico se había afianzado a finales de los setenta, cuando pasaban tiempo en Bahamas preparando los nuevos lanzamientos de Iglesias. «Manolo aseguraba que si estabas tomando el sol al lado de Julio no te ponías moreno, porque Julio lo "chupaba" y no dejaba nada para los demás», recuerda Arcusa.

Manolo firmó a Danny Daniel para hacer un álbum justo en el último año al frente de Universal, pero el proyecto nunca vio la luz porque su sucesor, Jesús López, lo rescindió. Daniel lamenta aquel final de su disco *Cuando brilla una estrella*, que considera uno de sus mejores álbumes. «Manolo ha sido el ejecutivo más honesto de la industria musical. La mayoría se han quedado con parte de los derechos de los artistas o han robado de alguna manera. Él nunca se manchó las manos», dice Daniel, que lo considera un «hermano».

Con el relevo, los artistas más próximos a Manolo Díaz tampoco continuaron en Universal. Se fueron Luis Cobos o Pimpinela, que habían llegado con él de la mano desde CBS, lo que marcó un punto de inflexión en sus carreras.

9

Zaschispum

Quiero escribir una canción,
donde yo pueda explicar mi decepción.

MANOLO DÍAZ (1967)

A las 22.16 del 10 de marzo de 2003, George Bush se dirigió a los estadounidenses, y al mundo entero, para anunciar el inicio de la invasión de Irak. Rose y yo estábamos pegados frente al televisor, escuchando perplejos cómo se daba el pistoletazo de salida a una guerra preventiva de consecuencias imprevisibles. El país aún estaba en shock por los atentados terroristas del 11 de septiembre y, sin una idea muy clara de contra quién o cómo, se libraba la supuesta «guerra contra el terror».

Aquel dislate político me revolvió mucho emocionalmente y, en los meses posteriores, fui acumulando cada vez más hartazgo de la política estadounidense. Llevaba ya más de una década seguida viviendo en Estados Unidos, y nunca me había interesado nacionalizarme. Si algunos, como Picasso, nunca se hicieron franceses, yo tampoco tenía intención de convertirme en americano. Cada vez que cruzaba la frontera, los policías de inmigración me miraban atónitos. «Lleva treinta años como residente, ¿por qué no se nacionaliza?», me siguen preguntando. Para ellos es inexplicable que alguien no aspire al sueño americano, que consiste en ser ciudadano de su país. Intento no ofenderlos contestando algo como que no he tenido tiempo de hacer el papeleo. En el fondo, la única diferencia entre mi situación y la otra es el derecho a votar.

Hay algo en el trasfondo del país con lo que no comulgo. Se trata del ombliguismo y la insensibilidad hacia los problemas ajenos. El sistema está diseñado para apoyar al que tiene éxito y dejar atrás al que no lo tiene. Aquel día, escuchando a Bush, tuve clarísimo que lo de las armas de destrucción masiva era mentira, y se generó en mí la convicción de que me tenía que ir de Estados Unidos en cuanto pudiera.

Una de las características de mi personalidad que he ido observando con el tiempo es que vivo con muchísima intensidad las diferentes etapas de la vida, especialmente las relacionadas con el trabajo, pero luego me canso y necesito nuevos estímulos. Cuando entro en ese punto de aburrimiento, suele suceder algo inesperado que me cambia el paisaje y me coloca en un lugar y una situación mejores de lo que yo había podido planear. Aunque es cierto que respondo rápidamente a estos golpes de suerte, a lo largo de los años he visto cómo gente que sabe trabajar duro no ha tenido la fortuna de cara.

En 2001, había sido yo el que había precipitado el cambio al no renovar en Universal. Pero, a diferencia de los anteriores cierres de etapa, en esta ocasión pasar página no conllevaba un cambio de país. Durante unos meses trabajé como consultor independiente produciendo artistas, pero mis amigos no tardaron en meterme en un inesperado lío. De repente me vi presidiendo el Consejo Directivo de la Academia Latina de Artes y Ciencias de la Grabación, la entidad que otorga los Premios Grammy Latinos. Aunque la organización había dado sus primeros pasos a partir de su constitución en 1997, no fue hasta 2002 cuando se creó un primer consejo directivo independiente, formado por un pequeño grupo de profesionales de Iberoamérica y Brasil, para tratar de sacudirnos de encima la influencia de los gringos de la casa madre.

El inicio de esta independencia de los Grammy Latinos fue tumultuoso. La segunda edición de los premios estaba prevista el 11 de septiembre de 2001 —el día que Estados Unidos sufrió su mayor ataque terrorista sobre las Torres Gemelas de Nueva York—, por lo que la ceremonia se vio cancelada sobre la marcha, lo que provocó a la organización pérdidas de varios millones de dólares. Algo más de un mes después, los ganadores se anunciaron sin ningún tipo de pompa en una rueda de prensa. Alejandro Sanz fue el rey indiscutible de esa desgraciada edición, seguido de cerca por el talentoso pero todavía bastante desconocido Juanes.

En los meses siguientes, el entonces CEO de los Grammy —también de los Latinos—, Michael Greene, fue denunciado por acoso sexual y tuvo que dimitir de su cargo en la Academia americana. Aunque en aquel momento las acusaciones no fueron acompañadas de consecuencias legales, *The New York Times* publicó que la organización había desembolsado seiscientos cincuenta mil dólares a la directora de Recursos Humanos que lo había denunciado con el fin de llegar a un acuerdo extrajudicial. Este episodio fue el último de un reguero de escándalos, en su mayor parte denunciados por artículos periodísticos en *Los Angeles Times* durante 1998 que llevaron a sus autores a ganar un Premio Pulitzer por la investigación de las corruptelas en la industria de la música. Veinte años después, en diciembre de 2023, otra empleada denunció de nuevo a Greene por una agresión sexual que había tenido lugar durante sus años en la Academia.

Tras ser invitado a abandonar el liderazgo estadounidense de los Grammy, Greene decidió que su mejor salida profesional era ponerse al frente de la división latina, y de ahí propició la idea de formar un consejo directivo independiente. Le pidió al productor mexicano Mauricio Abaroa, consultor de las dos Academias para los temas latinos, que reuniera a una decena de ejecutivos de prestigio —entre los que estaba yo— para componer este nuevo organismo y nos convocó a una reunión.

Cuando Gabriel Abaroa, hermano de Mauricio, me llamó para asegurarse de que yo formaría parte de ese consejo, le contesté de forma muy renuente. Dije que, a los sesenta años, acababa de estrenar mi libertad, que quería pasar tiempo en Madrid, ver si aún podía rescatar mi plantación de aguacates de Motril y un largo etcétera. Él me aseguró que no habría problema, que no sería una gran carga.

Pero, sin tener yo conocimiento, mis amigos Teddy Bautista, Emilio Estefan, Raúl Vázquez, Tom Gomes y Mauricio y Gabriel se habían confabulado para hacerle la cama al gringo, aprovechando la jugada organizada por él mismo, y poner así un presidente «de los suyos». Un latino. Un hispano que supiera de música brasileña. De entre los ejecutivos destacados en el sector, yo era el único que no estaba en ninguna disquera en ese momento. Así que decidieron, a mis espaldas, que yo era el candidato ideal para presidir el nuevo consejo. Con este plan, se fueron conchabados a la reunión.

Greene nos citó en un hotel de Miami a principios de 2002. Apareció con varias personas de su confianza, que sin duda pensaba meter en el consejo, con miembros de la Academia estadounidense para oficializar el traspaso y con algunos representantes de la cadena de televisión CBS, con la que había un contrato para emitir la gala de los Premios Grammy. Un auténtico séquito. Tomó la palabra para calificar el día como «histórico», ya que la Academia Latina sería a partir de ese momento un ente propio, y se complació en anunciarnos que se ofrecía para dirigir la nueva operación.

Los representantes estadounidenses que habían venido para hacer el traspaso se quedaron totalmente descolocados. En ningún momento Mike les había dicho que planeaba pilotar la segregación, especialmente por los problemas de reputación que acarreaba desde su anterior puesto. Pero los latinos sí que estaban preparados para esta estratagema y, en boca de Gabriel Abaroa, respondieron rápido con su propia ofensiva.

«No se preocupen, los latinos aquí presentes nos conocemos todos. Así que podemos votar ahora mismo la organización del consejo, como sugiere el señor Greene. El Consejo Directivo estará formado por cuatro personas: un presidente, un vicepresidente, un tesorero y un secretario. Y yo propongo que Manolo Díaz sea el presidente».

Las caras de todos se giraron hacía mí, que a duras penas disimulé una expresión de terror y negué con la cabeza, espantado. Pero mis colegas no me dieron muchas opciones: Estefan, Bautista y compañía se levantaron rápidos a secundar la propuesta. En ese momento ya habíamos pasado a hablar en español, casi ignorando la presencia de los gringos en la sala. Yo les decía compungido que quería hacer el Camino de Santiago, entre otros planes, pero sus voces tapaban la mía apoyando mi candidatura como presidente. Finalmente, acepté, pero exigí que Gabriel, con el que ya había trabajado durante años en la patronal de las discográficas, fuera mi vicepresidente con facultades ejecutivas en mi ausencia. Raúl quedó como tesorero y el brasileño Tom Gomes quedo investido como secretario. Y así, por aluvión, quedó instaurado aquel primer consejo latino de la Academia de la Grabación.

El primer año de funcionamiento autónomo de la Academia fue bastante más complicado de lo que esperábamos. El nuevo organismo nació con una abultada deuda con su matriz, y la primera fuente de ingresos era el contrato de televisión con CBS para retransmitir la gala de premios. La cadena no entendía nada de lo latino, pero es que tampoco lo entendía su audiencia.

En nuestras primeras conversaciones con los ejecutivos audiovisuales para preparar la gala —hacían reuniones sin avisarnos— sugirieron algo así como que Alejandro Sanz hiciera un número de flamenco, lanzándose por bulerías. Tuvimos un forcejeo bastante importante en el que tanto Gabriel como yo tratamos de mostrarles que el género latino no iba de eso, y que dentro de la música en español había muchas singularidades y diferencias que era preciso respetar.

Fue inútil. Tenían un cliché en mente y lo querían trasladar al escenario. Aunque soy conocido por mi diplomacia, también sé cuándo hay que pegar un golpe encima de la mesa. La discusión me pilló precisamente en una etapa del Camino de Santiago. Me conecté a una de las llamadas ya iniciadas desde un parador, con el tiempo suficiente para escuchar a Gabriel discutiendo con los gringos lo inadecuado del show que estaban planteando. Además del exceso de flamenco, les estaba explicando que necesitábamos representación de Brasil y varias obviedades más. En un momento determinado vi que aquella discusión no iba a ninguna parte por la cerrazón de nuestros socios, e intervine: «Gabriel, soy yo, soy Manolo Díaz, me acabo de conectar. Deja de hablar con estos señores que son una panda de *cowboys* sin ninguna cultura. Cuando estaban atrapando búfalos, nosotros estábamos fundando universidades, esta gente no nos va a entender nunca».

Esto lo dije en inglés y surtió el efecto deseado: un silencio atronador al otro lado y el final abrupto de la llamada. La contestación me podía haber costado el puesto, pero logró cortocircuitar aquella idea peregrina, hacer con CBS las dos últimas ceremonias y conducir finalmente a la ruptura de contrato con la cadena.

Los Grammy anglosajones se siguen retransmitiendo con ellos, pero nosotros encontramos nuestro socio natural en Estados Unidos en Univisión, con quienes las sinergias y el entendimiento es muy grande. Ya el primer año duplicamos la audiencia que estábamos haciendo con los anglosajones. El hecho de separarnos de la cadena gringa también ensanchó nuestra independencia con la entidad americana y nos impulsó a seguir forjando una marca distinta y reconocible.

Estuve dos años al frente de la Academia, de la que logramos sanear sus deudas y dar personalidad propia, pero era un tiempo en el que mi animadversión por George W. Bush me hacía sentirme incómodo casi a diario por el hecho de continuar viviendo en Estados Unidos.

En junio de 2004, mi jefe en tantas ocasiones anteriores, Alain Levy, era el máximo responsable de EMI Music en el mundo. Me pidió que lo ayudase en España, donde la empresa estaba atravesando dificultades. El cargo suponía una degradación con respecto a mi último puesto en Universal, pero también una gran oportunidad para cambiar de escenario. La Academia estaba en una situación bastante digna, y yo necesitaba ese cambio de aires. Haciendo honor a mi condición de nómada, agarré a mi familia y mis enseres y crucé el océano Atlántico de nuevo.

Ya para entonces la industria discográfica había iniciado su particular travesía por el desierto, y comenzaba a sentir el doloroso impacto de la piratería, en parte como consecuencia de la falta de estrategia digital en los años anteriores. El proceso de concentración había sido brutal, y, si en la década de los ochenta operaban en España alrededor de una veintena de discográficas, el mercado se había reducido a tres o cuatro jugadores. La propia EMI a la que llegué era una amalgama de diferentes sellos, entre otros la mítica Hispavox, con la que en tantas ocasiones había competido.

En Estados Unidos el desafío era Napster y los otros programas de descargas gratuitas, pero la España de 2004 estaba tomada por el «top manta», un fenómeno también muy extendido por América Latina. La lucha contra esta actividad ilegal consumió durante años la energía de los ejecutivos locales y los sumió en el desánimo por el futuro de las empresas.

El uso de las tiendas digitales era muy elitista, ya que pasaba por tener un aparato de la marca Apple, que en 2001 había lanzado un programa de descargas de música llamado iTunes. Aquella plataforma de música solo era compatible con reproductores de su propia marca y eso supuso un freno a la competencia.

Con todo, la llegada de este concepto de tienda digital sirvió de catalizador para el sector. Cuando el desarrollo tecnológico permitió que otras plataformas cobraran también en distintos formatos por la música online, se logró revertir, al menos en parte, el desplome del negocio. Pero para llegar a este punto hubo que tocar fondo primero.

Fui a las preciosas oficinas de EMI, con vistas al Círculo de Bellas Artes de Madrid, y me encontré a un equipo desmoralizado pero muy unido. Los directivos anteriores habían dejado una plantilla mermada porque su estrategia para mantener la rentabilidad había sido recortar personal. Por fortuna, pude contar con un fantástico segundo de a bordo, al tener a Simone Bosé como director general. Era primo del cantante Miguel, y nos habíamos cruzado en multitud de ocasiones a lo largo de nuestras carreras. El puesto de presidente se lo deberían haber dado a él (de hecho, me sucedió en el cargo cuando abandoné la empresa) y, sin embargo, se tomó con una deportividad increíble mi llegada. Era un joven serio, honesto, ordenado, carismático y buena gente que se fue demasiado pronto. Falleció por una neumonía en 2013. Tenía cincuenta y un años.

El equipo directivo estaba muy cohesionado y el elenco de artistas que tenía la compañía era potente en España. Diego Torán, uno de los directores de Arte, había creado una cartera de músicos con mucha identidad y buena acogida. Empezando por Café Quijano, que había obtenido varias nominaciones a los Grammy y Grammy Latinos en los años anteriores. También se estaba relanzando la carrera de OBK, de Dover y de Camela. Se habían cosechado grandes éxitos con el gaitero Hevia y Ella Baila Sola.

Mi intención no era cambiar esa buena base que tenía la discográfica, sino revitalizarla y potenciarla. Me puse manos a la obra para revisar la parte de gestión financiera y me encontré con una complicada situación: varios contratos daban pérdidas, entre ellos el que teníamos con Bunbury, diseñado de tal forma que, cuantos más discos vendía, más dinero perdía la empresa. Un cambio de condiciones de contrato es algo que hay que negociar en persona con el artista. Es un tema demasiado delicado como para dejarlo en manos de terceros, así que cité a Enrique en el hotel Ritz para un almuerzo. Llegó tal y como es él, con su característico atuendo rockero y unas botas que tintineaban al caminar. Bunbury vive con mucha intensidad, incluso tiene un punto de obsesión, lo cual le hace ser un magnífico artista y muy trabajador.

Según avanzaba el almuerzo, le expuse la situación: el contrato dañaba a la empresa y necesitábamos corregir aquella situación para continuar nuestra relación. Entonces, se levantó como propulsado por un resorte, la silla se desplazó medio metro tras él y, con esa capacidad pulmonar de la que está dotado, gritó: «¡Me cago en Diosss!».

Su voz resonó como un trueno en el comedor del Ritz. Yo me quedé clavado en mi asiento, intentando mantener la compostura, mientras lo veía desgañitarse con otro ramillete de improperios y blasfemias varias. Los clásicos comensales del Ritz nos miraban atónitos y los camareros, dentro de sus impecables uniformes, no sabían cómo actuar. Tampoco yo.

Le dejé que se desahogara lo que fuera necesario y volvió a tomar asiento. Con las mejores palabras, lamenté mucho la situación y traté de tranquilizarlo. Pagué la cuenta a un camarero envarado que, era obvio, prefería no acercarse mucho a la mesa. Nos despedimos de un modo seco y se fue en dirección a la estación de Atocha para coger un tren rumbo a Zaragoza.

Al llegar a la oficina, aún descompuesto por la escena, encontré en el correo electrónico un mensaje suyo en el que decía estar de acuerdo con el cambio de contrato. Fue un gran sacrificio por su parte. Años más tarde, cuando yo ya estaba fuera de la empresa, la relación con EMI se truncó y finalmente se fue a Warner.

Entre nuestros artistas más consolidados destacaba Luz Casal, con una fortísima proyección como diva de la música en Francia (su relevancia allí es tal que en 2023 la condecoraron como comendadora de la Orden de las Artes y las Letras, la más alta distinción para un artista). Con ella comparto asturianía, y desarrollamos una relación cercana en esos años. En su casa cerca de

Avilés conocí a Jackson Browne, el autor estadounidense del superventas «Take It Easy».

Otra artistaza tremenda que publicaba con nosotros era Estrella Morente, que para mí siempre tuvo un increíble potencial internacional y podría haber encandilado a legiones de fieles, al estilo de Barbra Streisand. Su forma de cantar y su presencia me parecían suficientes como para llenar estadios. De alguna forma, siento que su trayectoria se quedó corta para mis expectativas.

Y es que una debilidad de la división española era la falta de proyección internacional de sus artistas locales. Tenía auténticas estrellas, como Amaral, a quienes no se había intentado exportar a otros mercados. Con casi setecientas mil copias, su disco *Pájaros en la cabeza* fue el más vendido de España en 2005. Un triunfo rotundo que no traspasó de la misma forma nuestras fronteras. Me puse manos a la obra e intentamos entrar en México, pensando que era un buen público para ellos, pero la campaña no dio los frutos esperados, en parte por la falta de colaboración del propio grupo.

La falta de ganas de los grupos españoles de mirar hacia Latinoamérica, su mercado natural, se había gestado en los años noventa y era generalizada. Esta actitud esnob achicó el universo de ventas y fue un lastre para la internacionalización de la música de origen español. Cruzar el charco exige un gran esfuerzo, en mercados tan importantes como México es casi empezar de cero, pero el continente hermano lo devuelve con creces.

Tuvimos un claro caso de éxito al lograr que se globalizara el fenómeno de Bebe. La autora de «Malo» y yo llegamos casi a la vez a la compañía, y conecté rápidamente con aquella extremeña que hacía un sonido muy auténtico, acorde con su rabiosa puesta en escena. España era entonces un país pionero en el mundo a la hora de abordar la violencia de género, y en aquel 2004 el presidente José Luis Rodríguez Zapatero acababa de aprobar la primera ley específica para el tratamiento integral de la violencia machista.

«Malo» abordaba el maltrato de forma descarnada pero poco victimista. Empoderaba a la mujer que lograba rescatarse a sí misma y, además, el pegadizo estribillo transmitía energía positiva por encima del drama que estaba narrando. Llegó en un momento en que el tema tenía una gran acogida social en España y catapultó a la extremeña rápidamente al número uno. Pero también pegó con fuerza en Francia y en Italia y, finalmente, la artista hizo una amplia gira por Europa, Latinoamérica y Estados Unidos. El éxito norteamericano se consiguió tras colocar el tema en todas las emisoras de las universidades, que suelen programar un tipo de música distinta al de las radios comerciales y que van dirigidas a una comunidad anglófona, lo que la llevó a vender 125.000 discos sin casi promoción. Bastó con interpretar una canción en los Grammy para garantizar un éxito fulgurante. En 2005, un momento en que no se vendían discos, encajó medio millón de copias y ganó el Grammy Latino a artista revelación. Desbordada por el éxito, el año siguiente decidió tomarse una pausa.

A Bebe la había descubierto Javier Liñán, en aquel momento director del sello Virgin, también bajo el paraguas de EMI. La escuchó en una visita al Búho Real, un bar diminuto en pleno corazón de Chueca, con gran tradición de actuaciones en directo, y que resultó ser un filón para encontrar sangre nueva. Enseguida me aficioné a bajar con él o con Santiago Menéndez Pidal, que lideraba la editorial, para ver artistas a los que poder fichar. Allí descubrimos a Pablo Alborán y a Vanesa Martín, que nos ayudaron a definir un sonido propio, fruto de una hornada de cantautores jóvenes y desconocidos.

Los directivos de EMI eran muy buenos rastreando el talento local. Así llegaron Macaco o El Arrebato, con un ritmo rumbero muy fresco. En 2006 añadimos, además, a Melendi a nuestra plantilla, gracias a un acuerdo en exclusiva con Carlitos Records, que había descubierto y promocionado a mi paisano ovetense. El trato se centraba especialmente en su promoción internacional. Precisamente ese año hicimos una colaboración con el club de fútbol Real Oviedo para lanzar lo que luego sería su himno eventual, «Volveremos». Los fans del equipo asturiano aún se desgañitan al cantarlo soñando con regresar a primera división. Desde EMI cedimos los derechos de la canción al club y organizamos su promoción.

Producir a estos recién llegados no era tarea sencilla. La recién creada emisora Kiss FM dio la puntilla al modelo de radiofórmula en España y castró la difusión de nuevos estilos. Con el éxito de Kiss FM, la radio quedó traumatizada, y hasta sus principales competidores empezaron a programar canciones ya conocidas. Apenas sonaban propuestas innovadoras, ya que la ventana para lo desconocido se había reducido drásticamente. Incluso los músicos establecidos tenían dificultad para encontrar su sitio.

Otro fenómeno que influyó en la merma de diversidad —y, de alguna forma, de calidad— de la música del momento fue el televisivo *Operación Triunfo*, que lanzaba cantantes, pero pocos artistas. La música se había vuelto predecible y azucarada, y ese era el sonido que apoyaban los medios de comunicación. La banda sonora de la España de comienzos de los 2000 era mucho menos interesante que la que había dejado en los años ochenta.

Las discográficas nos peleábamos por encontrar nuestro sitio en espacios pequeñísimos, en los que también había que guardar cupo para los éxitos internacionales. Y esto sucedía en un momento de cambio de patrón del consumo de música, sobre todo por parte de la gente joven, que había abandonado la radio y cada vez pasaba más tiempo pegada al ordenador y al móvil. Pese a que el mercado digital seguía cautivo de iTunes —un proyecto con dificultades para entrar en España y casi sin catálogo de música en español—, en el año 2006 alrededor de un 3 por ciento de las ventas de música grabada se realizaban mediante el móvil, una cifra sorprendente que, sin embargo, no compensaba ni de lejos las caídas de facturación en las tiendas físicas.

Ese momento de transición en el que los jóvenes se relacionaban online, pero no disponían de una forma legal y masiva para descargar canciones, provocó que las ventas en España fueran, sobre todo, de música para adultos. La industria seguía aferrada a un marketing anticuado y no se podía rastrear lo que triunfaba entre los jóvenes porque no había posibilidad de medir las descargas ilegales. En 2006 se invertía menos de un 5 por ciento en marketing digital. El resto se iba a televisión, radio o prensa. Una de mis decisiones al llegar a EMI fue subir el presupuesto de la promoción digital al 10 por ciento.

El inmovilismo es el enemigo número uno de la creatividad.

Quitando el éxito de Amaral, y también de nuestros competidores El Canto del Loco o La Oreja de Van Gogh, solo hacía falta echar un vistazo al listado de los discos más vendidos para constatar nuestro fracaso a la hora de impactar en la juventud: Camela, Il Divo, Los Monjes Budistas, Merche, Rocío Jurado, José Mercé, Ana Belén y Víctor Manuel, Madonna, Manolo García o Medina Azahara copaban los puestos de las listas de ventas.

A las nuevas generaciones les habíamos negado demasiado tiempo la oportunidad de descargar de internet la música de manera legal. Cuando les insistíamos en que no bajaran canciones de forma ilegal, obviábamos explicarles cómo lo podían hacer de manera adecuada, porque no existía.

Así que teníamos en contra dos elementos que hasta el momento habían sido clave para la industria: la radio, nuestra principal plataforma de promoción durante años, y las tiendas físicas, nuestro cable a tierra, cerrando y en quiebra. Nos estábamos quedando solo con las grandes superficies como punto de encuentro con los clientes. Y, la verdad, son espacios que no tienen ninguna vocación por el producto cultural. Venden cualquier producto de consumo, como medias, bragas, calcetines, pantalones o zapatos al lado de los discos.

El Gobierno era consciente de la magnitud de nuestro problema y endureció la parte que podía controlar, que era el «top manta», con penas incluso de cárcel por la distribución de falsificaciones. Pero la piratería digital necesitaba otro tipo de solución, y había muchos actores implicados que carecían de interés en que se resolviera, como Telefónica, la principal operadora, que se hinchaba a vender banda ancha para favorecer las descargas gratuitas.

Nos faltaban medios, pero la gente seguía amando la música y un buen termómetro era que los conciertos se llenaban, a pesar del elevado precio de las entradas. En febrero de 2006, el directo de Depeche Mode en Madrid costaba sesenta euros y estaba hasta los topes; tuvieron tres fechas en España y, sumando los espectadores, fueron más los asistentes que la cantidad de discos que habían vendido de su último trabajo. El público cantaba al unísono las letras en inglés del repertorio. A ver cómo se explica eso si no es porque tenían el disco, y no precisamente comprado. Coldplay fue otro de los grupos de EMI que llenó recintos en España, con un entrañable Chris Martin, que siempre se esforzaba por conectar con el público a través de nuestro idioma.

Lo que más disfruté de ese periodo fue regresar a Madrid, una ciudad que había echado de menos con desgarro y que me propuse caminar con pasión. Trabajar en el centro, que iniciaba en esos años su gentrificación, recorrer el parque del Retiro o el paseo de la Castellana y retomar el contacto con amigos, como Rodrigo Uría, me esponjó de aquella sensación tan agobiante que había traído conmigo de Estados Unidos. Profesionalmente, el puesto no era ningún desafío, pero lo compensaba la posibilidad de disfrutar del entorno.

También fueron unos años de fuerte reenganche con Asturias. Al inicio del nuevo milenio habíamos comprado una casa en Luanco, el pueblo de veraneo de mi familia materna, y la prensa asturiana volvió a poner en valor mi trayectoria. En 2003, el Ayuntamiento de Oviedo aprobó bautizar una plaza con mi nombre, en cuya placa tuvo que especificar que era «compositor» para que los viandantes no me confundieran con el torero que lleva el mismo nombre. En 2007 di el pregón de las fiestas de San Mateo, el patrón de la ciudad.

Participé en programas de talento musical en televisiones locales y cada verano me entrevistaban en los diarios. Aunque en mis años de cantautor sí había tenido buena recepción en la prensa asturiana —*La Nueva España* ya me había nombrado asturiano del año en 1966—, fue realmente en ese momento en el que pasé a ser profeta en mi tierra y se abrió una etapa muy distinta en mi relación con la opinión pública local. Gané también un gran amigo con el periodista Javier Blanco, que era mi mejor embajador en la región y con quien comparto la admiración por Bob Dylan y los Rolling Stones.

También en esos años afiancé mi relación con el mundillo de la música asturiana. Hice algunos arreglos para un disco benéfico de la cantante Tina Gutiérrez, que me rindió varios conciertos tributo. También seguí muy de cerca a Pipo Prendes, un cantautor de letras bellísimas, hasta el punto de que le propuse —sin éxito— una de sus obras a Julio Iglesias, y el agitador cultural Rico Roces me tenía al día de lo que sucedía en la región.

EMI España volvió a brillar, pero la compañía en su conjunto estaba en un momento durísimo, siempre al borde de la quiebra o de la venta en un mercado donde la mayoría de los competidores de su tamaño ya habían sido absorbidos por grandes conglomerados. Universal, Sony, EMI y Warner eran las supervivientes, y resultaba obvio que el tamaño de las dos primeras era muy superior al de las dos últimas, que daban la sensación de estar condenadas a fusionarse. Desde la cúpula de nuestra empresa se trataba de evitar por todos los medios este final, y las cabezas pensantes de Londres nos incitaban a hacer maniobras contables para subir el precio de una venta potencial, exigiendo que lográramos unos resultados irracionales. La presión que sufríamos para intentar dar una imagen distorsionada de la compañía era altísima.

En marzo de 2007, Levy me propuso dirigir la división de América Latina y, de nuevo, regresé con los míos a Miami. Rodrigo, que terminó sus estudios en Madrid, ya había empezado la universidad en La Habana, al igual que Tamara en Nueva York, y estar cerca de la familia —con mis suegros ya muy mayores— era un importante contrapeso. A los pocos meses, Barack Obama ganó las elecciones y su discurso de apertura en enero de 2008 fue un chute de energía y un reencuentro con el Estados Unidos en el que yo creo.

La nueva etapa en EMI fue efímera. En agosto de ese mismo año, Terra Firma, un fondo británico de capital riesgo —ese tipo de entidades que compran empresas para venderlas más caras—, adquirió EMI Music por cuatro mil millones de libras. La operación fue asesorada por el banco estadounidense Citigroup, que dio además una línea de financiación de casi la mitad del precio.

El presidente y fundador de Terra Firma, Guy Hands, no tenía ni idea de cómo gestionar una compañía musical y lo primero que hizo fue eliminar dos mil empleos, casi el 40 por ciento de la plantilla mundial. Anunció que, gracias a un paquete de revolucionarias medidas, como la reducción drástica de los gastos de marketing, haría EMI más rentable. La nueva gestión supuso invertir menos en las carreras de los artistas y en la búsqueda de repertorio. A la postre, el método que venía a incorporar Terra Firma fue descubrir la rueda cuadrada. Un invento novedoso e inútil.

La perspectiva bajo la nueva dirección era aciaga, así que en febrero de 2008 tomé la decisión de jubilarme por segunda vez. Al desastre de la gestión se unió la mala oportunidad de la operación. Terra Firma compró en lo más alto del mercado, en plena burbuja financiera, pero la gran recesión de ese año se llevó por delante la valoración de la compañía, que en bolsa cotizaba como un gigante con pies de barro. La crisis de la piratería se sumó a la crisis financiera global. Una auténtica catástrofe.

La gestión de Hands enfureció a muchos artistas, y la emblemática disquera, que gestionaba los derechos de The Beatles, vio cómo Paul McCartney, The Rolling Stones o Radiohead le daban un portazo. El agujero de las pérdidas se fue ensanchando y Terra Firma terminó denunciando a Citigroup por haber propiciado lo que a todas luces parecía una pésima inversión. De poco le sirvió aquella demanda a Hands, que se vio con las manos atadas cuando el banco ejecutó la deuda contraída y se quedó con EMI en febrero de 2011. Citigroup no tenía ninguna intención de manejar el timón de aquel barco hundido, y la mejor forma de deshacerse de él fue trocearlo y venderlo: el negocio de la grabación fue a parar a manos de Universal y la editora recaló en Sony. Las autoridades de competencia terminaron forzando incluso reducir aún más las porciones de la tarta, y Universal tuvo que vender Parlophone, el mítico sello de los Beatles, a Warner. Carroñerismo auténtico.

Así desapareció una de las empresas con más solera de nuestro sector, fundada nada menos que en 1895. El mercado se redujo a tres grandes actores, en el que fue con casi toda seguridad el final más triste de una gran compañía de artistas. Para mí, la lección aprendida es que zapatero a tus zapatos, o banquero a tus bancos. Intentar mezclar dos tipos de negocio fue un cóctel explosivo y lamentable.

Para 2011, la industria musical ya se deslizaba cuesta abajo de forma vertiginosa.

Me tomé con mucha calma el trabajo, ejerciendo como asesor en algunas aventuras empresariales que, con el mercado en contra, no prosperaron. En 2011, con setenta años cumplidos, me propusieron una nueva tarea —sin remuneración—, que acepté con entusiasmo: ser presidente del patronato del recién inaugurado Centro Niemeyer, en Avilés, la ciudad de mi padre. El célebre arquitecto brasileño había sido galardonado en 1989 con el Premio Príncipe de Asturias y en agradecimiento donó a la fundación asturiana el diseño del edificio, que en principio acogería su sede. Pero el Principado decidió que el edificio podría servir como proyecto para repetir el fenómeno Guggenheim —que había revitalizado la ciudad de Bilbao— en la ría de Avilés.

El edificio se desplegó en los terrenos industriales de Ensidesa, la siderúrgica pública, conectando con el casco antiguo y rompiendo por completo el horizonte de la ciudad. Sus promotores buscaron que el impacto visual se uniera al artístico con una programación que atrajera visitantes, tal y como había logrado hacer Bilbao. En el primer año, montamos una programación trepidante. Desfilaron por el Niemeyer figuras como Woody Allen, Kevin Spacey, Joan Manuel Serrat, Víctor Manuel, Ana Belén, Miguel Bosé, Rufus Wainwright o Jessica Lange. En este caso, fue la política la que fraguó el desastre.

Ante mis ojos, la ciudad de mi padre resurgió bellísima y en todo su esplendor. Me volví un aficionado a pasearla y a llevar orgulloso a mis invitados a conocer Avilés.

Aunque el Niemeyer abrió sus puertas en 2011, la fundación que lo regentaba estaba compuesta desde 2006, y tenía al frente de la agenda cultural a Natalio Grueso, respaldado por un consejo asesor internacional de la talla de Stephen Hawking o Paulo Coelho. Durante ese periodo, Asturias estaba gobernada por el PSOE, en concreto por Tini Areces. Dos meses después de la inauguración del espacio, en mayo de 2011, un partido asturianista conservador, Foro Asturias de Ciudadanos, ganó las elecciones del Principado. Estaba capitaneado por Francisco Álvarez Cascos, que había sido vicepresidente del Gobierno con José María Aznar y había creado esa escisión local del Partido Popular para tener una marca nacionalista propia y singular en su región natal.

Nada más llegar al poder, una de las obsesiones del nuevo presidente fue desmantelar el Niemeyer, acaso porque daba una imagen de éxito de la administración anterior y tenía ese halo de cultura progresista que los conservadores no podían soportar. Encontró el talón de Aquiles de la institución en la gestión distraída de Grueso, que se vio denunciado por malversación de fondos. Cascos le quitó a la Fundación la gestión del espacio, que se vio forzado a cerrar durante unos meses, provocando el descrédito de la institución, y echó a perder todo el trabajo que había permitido que Avilés fuera durante un año un polo cultural de España y de Europa.

Aquel experimento asturianista conservador tenía sus días contados. Sin apoyos suficientes en la Junta del Principado, un año después, en mayo de 2012, se convocaron nuevas elecciones y volvió a ganar el PSOE. Se intentó reabrir el Niemeyer y volver a darle el caché de antes, pero el mal ya estaba hecho. Revitalizarlo fue una misión imposible, con su exdirector en un proceso judicial y el capital cultural que se había construido desperdiciado por aquel cierre inopinado. Me volvieron a pedir que fuera asesor del nuevo consejo —ya solo como patrono, sin presidir la reabierta Fundación— para relanzar la programación, pero mi desconfianza hacia los políticos (y la política) después de lo vivido en los dos primeros años dificultaba mi fe en aquella labor.

Grueso fue condenado a ocho años de cárcel por malversación de caudales públicos y falsedad documental, y en 2024 seguía prófugo de la justicia. Yo no fui consciente de aquel comportamiento inadecuado en su gestión. Aunque sea impopular expresarlo, he de decir que logró poner al Niemeyer en el centro de la escena cultural global de forma brillante. Hoy es un edificio precioso con una programación local.

En 2014, la Academia Latina —que había ganado un gran prestigio bajo la dirección de Gabriel Abaroa— decidió crear la Fundación Cultural Latin Grammy, un nuevo paso en su independencia y personalidad propia. Abaroa me pidió ayuda como asesor para levantar el proyecto benéfico desde cero. Yo llevaba ya varios años con un perfil bajo, haciendo asesorías puntuales, y me gustó la idea de volver a contribuir al crecimiento de la Academia Latina, a la que había visto nacer y de la que me sentía tan orgulloso.

Según me lo vendió Gabriel, con su persuasión habitual, era un encargo que podría durar unos pocos meses, así que acepté el nuevo reto, muy diferente a los desafíos que me había encontrado hasta el momento en mi carrera. Me puse manos a la obra en el diseño de un programa de becas para estudiantes talentosos con limitaciones financieras. Tuvimos fuertes presiones para que repartiéramos los fondos de las becas entre muchos receptores, reduciendo las cantidades de cada ayuda, y fue necesario luchar con uñas y dientes para que las ayudas fuesen realmente útiles, dotándolas con cantidades sustanciales que permitiesen cursar estudios musicales en las mejores escuelas del mundo.

La cantidad de requisitos burocráticos, sobre todo legales y fiscales, que requiere la puesta en marcha de una fundación en Estados Unidos es inimaginable. Me reuní con asesores fiscales, abogados y expertos en captación de fondos y en organizaciones sin ánimo de lucro. Fue todo un aprendizaje. Cuando por fin el trabajo burocrático estaba terminado, incluyendo los estatutos, la exención de impuestos, la constitución de un consejo directivo y la preparación de un plan de negocio, entregué el proyecto listo para ponerlo en marcha, y le dije a Gabriel: «Ahora lo que tienes que hacer es contratar a un director ejecutivo para la Fundación». Gabriel me miró y me dijo: «Aquí lo tienes. Mi candidato es Manolo Díaz. Remángate la camisa y ponte a trabajar».

Nunca pensé que a mi edad —ya con setenta y cuatro años— me ofreciesen empleo, y mucho menos para algo tan bello e importante. Haciendo caso omiso de mi fecha de nacimiento, acepté feliz. Me ofrecieron un salario raquítico, condiciones de trabajo heroicas y tan solo dos personas para ayudarme. Así comprendí que, después de haber vivido cuarenta años con muchos medios pero estresado, la felicidad no estaba en el salario o en el tamaño de la oficina. Mi realización estaba en cómo mi trabajo podría mejorar la vida a jóvenes dotados para la música, ayudándolos a estudiar y a dedicarse profesionalmente a aquello para lo que nacieron y aman. Yo no sé si ayudé a crear a los futuros Plácido Domingo o a los Juan Luis Guerra, pero sí a extraordinarios profesores de música, que tendrán una enorme y positiva influencia en las próximas generaciones de músicos latinos.

La otra cara de este empleo tan gratificante era el «mendigueo». Tuve que usar mis relaciones de amistad para conseguir dinero, y eso me quemó mucho. El primero en lanzarse fue

Enrique Iglesias, y partir de ahí, se sucedieron las aportaciones de los grandes músicos latinos —Juanes, Julio Iglesias, Emilio y Gloria Estefan, Carlos Vives, Miguel Bosé y Juan Luis Guerra, por nombrar algunos—, que han ido apoyando a centenares de estudiantes con donaciones cada vez más elevadas.

Terminar mi carrera profesional ayudando a los jóvenes a poder vivir de su pasión por la música, tal y como yo he hecho, fue el mejor de los finales. Estiré esos años todo lo que pude, cargado de energía por la belleza del proyecto, pero en 2019 la naturaleza me recordó que los años también pasan para Manolo Díaz.

En una revisión rutinaria, mi médico de cabecera vio signos que lo inquietaron y me solicitó una cita con el neurólogo. El diagnóstico fue devastador: párkinson.

Aunque la enfermedad era muy incipiente, los síntomas se aceleraron, de alguna forma, durante el confinamiento de 2020 y, tras diseñar un cierre ordenado, ofrecí mi dimisión y me jubilé por tercera vez. La última.

He trabajado con ilusión
y no he encontrado ni comprensión.

«Zaschispum»,
MANOLO DÍAZ (1967)

El inicio del milenio marca la última etapa profesional de Manolo Díaz, trufada de cambios y con el telón de fondo de la tremenda crisis de la industria musical, paralela a otra gran recesión mundial. Sus amigos bromean con el número de veces que fueron convocados a las diferentes fiestas de despedida, de una supuesta jubilación que nunca llegaba del todo. La más famosa fue la que se celebró en el hotel Mandarin Oriental, en Miami, con cientos de personas invitadas para festejar su retiro.

Gabriel Abaroa, el abogado mexicano que en esta etapa se convierte en gran amigo y colaborador, recuerda con especial sorna una de esas fiestas, la que le ofreció la patronal de la industria discográfica, IFPI Latin America, y la RIAA (Recording Industry Association of America) en la Taberna del Alabardero, el conocido restaurante español en Washington, para honrar su retirada de Universal: «Solo una personalidad como la de Manolo podía agrupar en su mesa a gente enemiga en el terreno comercial, pero que lo quería tanto a él en el campo individual». En un momento determinado, y ante lo más granado de la industria del disco en Estados Unidos, el americano Jay Berman, que ejercía de presidente de la patronal, dio un emotivo discurso y le entregó una placa conmemorativa, con el nombre «Manola Díaz» grabado.

En la sala, los latinos se quedaron mudos con la equivocación y pasaron mucha vergüenza, pero Manolo reaccionó enseguida sujetándola. Dijo: «Tantos años usando el nombre equivocado, a partir de ahora llámenme Manola». La salida causó hilaridad en la sala y, desde ese momento, incluso en los eventos más serios de la industria se le introducía como «Manola» Díaz.

Para Abaroa, esta anécdota describe muy bien qué tipo de persona es Manolo. «Nunca tuvo soberbia, nunca le importaron los títulos, nunca se tomó en serio las cosas, excepto a sus artistas». Fue Gabriel el encargado de llevar al campo de batalla los planes de guerra que Manolo había sugerido como líder máximo de la Academia Latina y de los Grammy Latinos. Años después, se convertiría en algo parecido a su jefe, ya que lo contrató para que pusiera en marcha la Fundación Cultural Latin Grammy, un proyecto que enamoró a Manolo ya bien entrados sus setenta años.

Bajo el tándem Abaroa-Díaz, la Academia Latina se ganó el respeto de la industria musical y pulió su marca. En sus inicios, los Premios Grammy Latinos eran vistos como de baratillo, una triste consolación para quien podía no optar a los Grammy anglosajones. Dos décadas después, la marca goza de un saludable prestigio.

La mejora en la reputación de la filial latina fue de la mano con la inculturación de lo latino en Estados Unidos, gracias a una generación que ya tiene una personalidad propia diferenciada de la gringa. Abaroa lo describe como el abandono del «fenómeno Barbie» que llevaban consigo los hispanos que llegaron a Estados Unidos antes del arranque del milenio, huyendo de situaciones de conflicto en sus países de origen. «El principal temor de esas familias, la mayoría de origen mexicano y centroamericano, era que los deportaran. Así que se pintaban el pelo de rubio, hablaban inglés, renunciaban al español e intentaban pasar por estadounidenses». De esta tendencia surgieron personalidades como Christina Aguilera o Jennifer López, que de forma natural fueron biculturales. Fue una generación que se mimetizó con la cultura local y terminó acuñando «lo latino» como una corriente subterránea.

Pero la labor de la Academia no era explotar ese concepto. Juntos, Abaroa y Díaz lucharon para que los cantantes en español o portugués tuvieran su propio papel dentro de la Academia, y pudieran poner en valor el sonido de sus países de origen, ya fueran Brasil, España o Argentina. Eso le dio un empujón internacional a la institución, que fue ganando en tamaño y respeto frente a la hermana estadounidense. Los Grammy Latinos son un reconocimiento a la música que se produce en todos los países iberoamericanos, y en esa integración transversal está el secreto de su éxito. Además, una nueva generación de latinos estadounidenses presume orgullosa de su propia cultura mestiza. La música latina ya no es una hermana menor. En algunos momentos, es la corriente dominante en las listas de éxitos.

El mexicano cree que fue un gran acierto elegir a Manolo para levantar la Fundación: su fama de íntegro ayudó a aportarle prestigio. Y reconoce que la fama de tacaño de su compañero en los negocios era muy bien merecida. Recuerda con especial nitidez una conversación en la que, delante de las secretarias, el español se quejó porque habían escogido un hotel muy caro para hacer un evento. «¡Gabriel, esto vale un huevo y la mitad del otro!», le espetó, para escándalo del mexicano. «Inventó una nueva moneda en curso. Un mes más tarde, las secretarias medían los presupuestos por huevos», suspira.

Para Tamara, la hija de Manolo, la austeridad que lo caracteriza le hace algo así como el precursor del ecologismo y la sostenibilidad. «Él es el primero que se come las sobras de la comida en la nevera. Siempre nos ha enseñado a reutilizar y a ser muy conscientes del entorno que nos rodea». Pese a ser un ejecutivo tan ocupado, Manolo acababa el día comprobando que las luces de la casa estaban apagadas, la climatización a la temperatura correcta, cada cosa en su sitio. «Su consideración hacia los demás y hacia el entorno es una enseñanza. Él está alerta de los detalles que suceden alrededor, y me enseñó a poner esa atención y a ser consciente de lo que me rodea», dice Tamara.

La última etapa al frente de la fundación permitió que Manolo no cerrara su vida profesional con el amargor del desenlace de EMI y el fiasco del Centro Niemeyer, situaciones que lo decepcionaron profundamente en una década muy azarosa.

La primera década del siglo se dividió en dos partes económicamente muy marcadas. Un primer lustro de burbuja, gasto desenfrenado y bancarización de la economía, que tapó muchos fallos del sistema a base de dinero. Ahí se gestaron malas praxis espoleadas por la financiación regalada y por una clase empresarial acomodada a un cierto nivel de vida. Incluso en una industria que iba para abajo, como la discográfica, la abundancia de liquidez ocultaba los problemas de fondo que adormecían a las compañías. Nunca se buscó una salida conjunta a lo digital, y fueron terceros actores los que tuvieron que rescatar a la industria.

El estallido de la burbuja drenó dramáticamente la marea y dejó al descubierto las vergüenzas de un sistema que se había desarrollado sin autocrítica. Cada sector tuvo su penitencia. En el caso de las discográficas, fue verse desnudas sin medios para comercializar sus productos. Cuando se secó el crédito, solo quedaron los números rojos.

Aunque 2011 fue un año terrible, por la carnicería que se hizo sobre la centenaria EMI, fue todavía un poco más tarde, alrededor de 2014, cuando la industria tocaría el fondo de su debacle y comenzaría una lenta remontada. Ese fue el ejercicio más bajo de ventas del sector —desde los registros de 1999—, con una exigua facturación de 13.000 millones de dólares, según los datos de la patronal mundial de las discográficas (IFPI).

A partir de ese dramático momento, la facturación comenzó a remontar, pero no mediante las unidades físicas (casetes, vinilos, CD), sino a través del *streaming*. Spotify había comenzado su andadura global en 2008, pero librarse de los programas gratuitos de descargas piratas e instaurar una cultura de pago tomó su tiempo.

En 2023, de acuerdo con IFPI, el sector había vuelto a facturar más de 26.000 millones de dólares, regresando a los niveles de los brillantes noventa. Pero la composición de las ventas ha sufrido un cambio radical. El 67 por ciento de lo que ingresan las compañías procede del negocio del *streaming*.

Aceptar la nueva realidad de la digitalización supuso cambiar los fundamentos mismos del negocio. El investigador australiano Patrik Wikström explica cómo los movimientos tectónicos que se sucedieron para que la industria encontrara acomodo en su nueva realidad cambiaron la correlación de fuerzas en las compañías.* El peso de la línea de grabación, antes el negocio estrella de las discográficas, se redujo al mínimo, mientras que las áreas que se habían considerado las hermanas pobres, como las licencias y la explotación del directo, se convirtieron en las máquinas de hacer dinero.

Las editoriales fueron más ágiles a la hora de cambiar sus prácticas comerciales y comenzaron a ofrecer un servicio integral de derechos de propiedad intelectual con un único contrato, algo novedoso en el sector, convirtiéndose en la unidad más rentable. También vive su auge la explotación de la música en directo, que es la división que más crece. En 2024, la empresa de música más grande del mundo ya no es una discográfica sino Live Nation, la vendedora de entradas y promotora de conciertos.

Internet arrasó los fundamentos de la industria del disco, pero no pudo con la pasión por la música. Veinte años después de la llegada de la distribución digital, se escuchan más melodías que nunca en la historia de la humanidad. Y las empresas han dado por fin con la tecla para ganar dinero. Pero para llegar a este momento dulce hubo que dejar muchos cadáveres en el camino. El cierre de EMI fue uno de los más dolorosos.

* VV. AA., *Cambio. 19 ensayos fundamentales sobre cómo internet está cambiando nuestras vidas*, Madrid, Turner, 2014.

Aunque Manolo apenas estuvo cuatro años en la compañía británica, sus colaboradores de la época recuerdan ese lapso como un «oasis» en medio de la dramática situación de la compañía y de la industria en su conjunto. «Devolvió la familiaridad y el cariño en la relación con los artistas y los empleados», recuerda Diego Torán, en aquel momento director artístico y, hoy en día, director de su propio proyecto desde Ibiza. «En las compañías se había perdido la conciencia de que somos responsables de la carrera de un artista y que no nos vean como simples gestores de números. Debe haber una relación personal».

Torán rememora muchas cenas en casa del entonces presidente de EMI España para hablar con un artista, una forma de trabajar que calaba en el entorno y que daba un giro a las costumbres de la compañía en los últimos años. Si algo destaca quien tiene a sus espaldas fichajes como los de Café Quijano o Macaco es la ausencia de ego de Manolo, un soplo de aire fresco respecto a lo que se vivía en el sector. «Es un espejo de los valores que yo tenía y por los que me quería dedicar a la música. Entusiasta, muy al servicio, empujando a los demás. Haciendo que esto no fuera un trabajo, que fuera una experiencia vital que compartir», dice.

La humildad es un atributo que resaltan muchos de sus compañeros, después de vivir situaciones asfixiantes en la industria. «Cogía el metro con nosotros para ir al Búho Real a ver nuevos artistas. Eso era impensable en cualquier otro directivo», recuerda Santiago Menéndez-Pidal, al que Manolo puso al frente de la editorial.

Como ya había hecho en las otras discográficas, iba a los conciertos de los artistas de su sello, estaba en primera fila bailando y siempre se pasaba por el camerino. «En rara ocasión se veía a un directivo de una discográfica en un concierto», apunta el crítico musical Diego Manrique, que también lamenta el poco conocimiento de la música del que adolecen los directivos actuales. «Se apuntaba a todo. Le decía que había un concierto de Los Delinqüentes y, por supuesto, se venía a verlos, hasta se traía a Rose», interviene Javier Liñán que estaba al frente de Virgin, el sello de música más alternativa dentro de EMI.

Si algo había ganado con los años —ya sobrepasaba los sesenta y cinco en esa etapa— era temple. Ese que al principio de su carrera perdía en alguna ocasión. Liñán, que dirige su propia discográfica, El Volcán Música, y que en su día descubrió a Los Planetas, recuerda a un Manolo que nunca se alteraba por nada, y que rebajaba la tensión y la carga emocional en todo momento. «En un sector con tantos intereses, hay unanimidad alrededor de su figura. Ha sido honesto y legal, es casi imposible que alguien te hable mal de él», dice Carlos Galán, fundador de Subterfuge Records, otra de las pocas discográficas independientes que sobreviven. Galán se sentó junto con Manolo en el comité directivo de Promusicae en los peores años de la piratería. «Destacaba por su carácter conciliador, pero también por su intuición. Nos dijo que Shakira era la estrella global más completa del pop, cuando el resto aún estábamos mirando a Madonna. Años después, se demostró que era cierto».

Hubo puntos de unión entre la etapa de EMI y la Fundación Grammy, como el cantante Fonseca, un colombiano que había logrado un gran éxito con su sencillo «Te traigo flores» y que vino de gira por España. «Uno va con nervios y respeto, también curiosidad, al saber que te van a presentar a un personaje tan especial e importante en la industria. Me encantó su sencillez humana: al minuto tres ya me sentía como si le hubiera conocido de toda la vida. La química entre nosotros dos siempre ha sido increíble», dice el cantante, que intensificó su relación con Manolo en la Fundación y colaboraron en proyectos juntos.

En esta última etapa se multiplicaron, además, los reconocimientos. Uno de los que más orgullo le produjo fue pasar a formar parte del Claustro de las Artes de la Universidad de Alcalá de Henares. Entró junto con Bebo Valdés, Ennio Morricone, George Martin y Sara Montiel. También recibió varios premios de renombre en Asturias, región que finalmente le hizo un hueco en su palmarés de ilustres. «Lo habitual es que, cuando conoces a una persona que admiras, te decepcione. Pues con Manolo pasó al revés. Cuando lo conocí, lo admiré mucho más. Es la humildad personificada», cuenta Javier Blanco, periodista musical asturiano por excelencia.

Su idilio con Asturias fue muy intenso en esa década, y terminó provocando que, cuando su jubilación se hizo definitiva, empezase a pasar casi tres meses al año en Luanco, una villa a un costado del cabo de Peñas. Además del honor de contar con una plaza con su nombre, fue el pregonero de las fiestas de Oviedo en 2007, en las que hizo un precioso discurso titulado «Oviedo, amor mío, esas cosas no se olvidan». En él, le hablaba a la ciudad como una «mujer, amante y madre». «No sabes lo que me emociona que me hayas pedido que venga». El broche de esta relación lo puso la cesión del himno eventual del Oviedo que le dedicó Ramón Melendi con «Volveremos».

Los últimos años al frente de la Fundación de los Grammy le dieron su última familia profesional. Entre los jóvenes aspirantes a músicos, su alma inquieta encontró la paz profesional. Pese a que la enfermedad comenzaba a mostrar sus primeros síntomas, se resistía a abandonar un proyecto que había colmado su mayor ambición: ayudar a las nuevas generaciones de forma altruista. Esa juventud a la que Manolo tantas veces pidió cantar para buscar la verdad.

«Aunque mi abuelo materno murió de párkinson, nunca se daba por vencido, y de alguna forma creo que eso sigue sirviendo de ejemplo para mi padre, que sufre la misma enfermedad», recuerda su hijo Rodrigo, que estudió cine e hizo su máster en la Universidad de Columbia sobre estudios latinoamericanos. «Observar la relación cariñosa entre mi padre y mi abuelo siempre fue algo especial».

Manolo cuidó a sus suegros hasta el final, en unos años marcados por la tranquilidad profesional y la familia. Llegaron los nietos —Emily, Nicolas y Sofía— y se permitió dar rienda suelta a su deseo de estar cada vez más tiempo a solas con la familia.

Epílogo

Yo quiero cantarte una canción
para que tú sepas mi porqué.
Porque quiero que tú y yo
luchemos por la unión del mundo.
Pero he de decirte también
que, para empezar, hay que tener
el cariño que tú y yo
debemos enseñar al mundo.
Vamos a empezar solos tú y yo,
pronto se unirán otros muchos.
Cuando vengan más, les enseñaré
cómo hay que salvar nuestro mundo.

«La unión del mundo», Aguaviva
(Manolo Díaz [1969])

La banda sonora de mis últimos años es Aguaviva. De repente los acordes de «La unión del mundo» resuenan en mi cabeza sin razón aparente. Está lejos de ser una de mis canciones favoritas, y tuvo poco éxito. Sin embargo, su melodía y la voz impostada de Cristina Bengoa me asaltan a cada rato. También lo hace «Límites», un tema de mejor calidad del mismo álbum. Me pregunto si mi inconsciente quiere reivindicar mi mejor proyecto musical, que no tuvo el reconocimiento que se merecía.

Encuentro la música actual poco innovadora. Pero la tendencia predominante pasará, como han pasado tantas otras modas. En los Grammy anglosajones de 2023 no hubo ningún premiado del mundo del rap. Y no hace tanto parecía que en Estados Unidos no hubiera otra cosa. Los fenómenos musicales dejan su impronta, pero vienen y van. Lo que continúan son los grandes artistas. Los grandes comunicadores. Me encantan Rosalía, Calle 13, Sebastián Yatra, Karol G y otros. Pero las nuevas dinámicas de la industria hacen muy difícil que haya muchas rosalías. Hacer crecer así a un artista, con el tiempo y los recursos, es heroico. La música se ha democratizado, pero, como en el mundo real, los líderes escasean.

Desde que me diagnosticaron la enfermedad de Parkinson, mi vida es mi familia. La familia, mi familia, siempre ha sido un ancla en mi vida. Subido a un escenario, cultivando aguacates o entregando Premios Grammy, al final del día sabía adónde pertenecía y adónde tenía que volver. Cuando por un momento perdí esa brújula tras la separación de mi primera pareja, el mundo se movió bajo mis pies.

A lo largo de la vida los roles se dan la vuelta. Ya no soy el nieto preferido de mi abuela. Ahora soy el abuelo preferido de mis nietos. Se fue mi hermano José Ramón, mi compañero de aventuras, mi fiel escudero. Se fueron otros tantos, antes de tiempo.

La enfermedad avanza inmisericorde. Siento cada día cómo aumenta mi fragilidad. Soy cada vez más vulnerable. Percibo mi propio deterioro físico e intelectual. Tuve que dejar de conducir. Lo echo mucho de menos. Me pregunto cuándo llegará el final. Sobre todo, la temida silla de ruedas. Cuándo ya no podré volver a caminar, algo tan sencillo que ha sido una de mis mayores pasiones.

Me preocupa mi relación con el futuro. Qué pasará con Rose. Se desvive por mí, pero llegará un momento en que ya no pueda cuidarme. Es el amor de mi vida.

En el amor también es bueno tener suerte. Si he podido ser quien soy fue gracias a ella. Eso dije en mi discurso de aceptación del Premio Grammy que me concedieron en 2022 por mis sesenta años de trayectoria en la música.

De forma casi mágica, la vida sigue. La función sigue. Con más de ochenta años, cuando ya piensas que poco o nada te puede emocionar o conmocionar, sucede, como siempre, lo inesperado. Un Grammy, la mayor distinción en el mundo de la música, que llegó como broche a mi carrera. Mi familia casi al completo me acompañó en Las Vegas a recibir el premio que me entregó mi amigo Carlos Vives. Lloramos juntos en el escenario.

Hubo espacio en mi discurso para agradecer a los cinco maestros que me enseñaron a tener suerte: Alain Milhaud, Tomás Martín Blanco, Tomás Muñoz, Alan Levy y Gabriel Abaroa. Qué distintos son entre sí. De cada uno recibí enseñanzas de lo más dispares, que me transformaron en el ejecutivo que al final de sus días sostiene victorioso ese gramófono de bronce.

La juventud, sus anhelos y oportunidades siguen siendo mi principal preocupación política. Ha sido una constante obsesión en mis últimos cincuenta años: cómo atender las necesidades de los jóvenes. Creo que por eso la labor en la Fundación me llenó tanto. Por fin había encontrado un instrumento para cumplir los sueños de los que vienen detrás. Veo a mis tres nietos, Emily, Nicolas y Sofía, y me pregunto qué mundo conocerán. Si serán tan fuertes, tan auténticos y fieles a sí mismos como han sido mis tres hijos: Vanessa, Tamara y Rodrigo. Si tendrán suerte. Si la sabrán aprovechar.

La deriva de los populismos y las guerras que han estallado en estos últimos años también me afectan. Me duele la falta de respuesta de la cultura. Y me pregunto: ¿dónde están los poetas? ¿Qué cantan los poetas ahora?

Luanco, Asturias
8 de agosto de 2024

Mi vida limita al norte con la muerte
y al sur con mi madre herida: herida.
A la derecha mi amo,
contabilizando el aire,
y a la izquierda tu sonrisa,
amiga, amar, amante.

«Límites», Aguaviva
(MANOLO DÍAZ [1970])

Agradecimientos

A Manolo Díaz (Oviedo, 1941) le gusta tener memoria de futuro. Mirar hacia delante con lecciones aprendidas, pero sin anclarse en el pasado. Manolo me ha prestado su voz para contar su historia. Pero, en una vida tan larga y prolífica, los recuerdos en ocasiones resbalan por la pendiente del tiempo. Por eso también se la hemos pedido a su familia y amigos. Contamos su vida desde dentro, pero también desde fuera. Una visión tridimensional para una personalidad especialmente poliédrica. Una figura que lo ha sido casi todo en el mundo de la música: compositor, cantautor, productor y alto ejecutivo. Y que también ha sido hijo, padre, esposo, amigo, abuelo, hermano… y mi tío.

Armamos una biografía que brota limpia de sus vivencias personales para dejarse contaminar del afecto de su entorno. Construida con decenas de entrevistas y cientos de horas de conversaciones. Admiraba a Manolo antes de que me permitiera hurgar en sus intimidades. Rascar en sus emociones. Rebuscar por dentro. Ahora además lo respeto por su integridad y su sensibilidad para relacionarse con el contexto. Verlo a través de los ojos de sus amigos ha sido un viaje increíble.

Costó años derrotar su humildad y conseguir que me dejara construir este legado. La perseverancia de su esposa Rose ha sido clave. También el amor de sus hijos, que lo han arropado en este proyecto. Pero este libro no hubiera sido posible sin la generosidad de sus amigos, de los artistas a los que produjo, de sus compañeros de trabajo. Gracias a todos por compartir vuestra mirada de Manolo Díaz.

Gracias también a los colaboradores necesarios e imprescindibles para publicar este libro. A Juan Tomás Tello, Paula Corroto, Tano Darias, Paloma Abad y Miguel Aguilar —mis editores—, y a Pedro Palencia, mi marido.

Índice onomástico

Accede a la banda sonora de esta biografía
siguiendo este código QR.